실전 차트

스윙·데이·스캘핑 기법

실전 차트 스윙 · 데이 · 스캘핑 기법

초판 1쇄 발행 2010년 1월 25일
초판 11쇄 발행 2024년 8월 30일

지은이 | 조 용

편집 | 공순례
디자인 | 구름디자인
마케팅 | 김하경
펴낸곳 | (주)이레미디어
전화 | 031-908-8516(편집부), 031-919-8511(주문 및 관리)
팩스 | 0303-0515-8907
주소 | 경기도 파주시 문예로 21, 2층
홈페이지 | www.iremedia.co.kr
이메일 | mango@mangou.co.kr
등록 | 제396-2004-35호

ISBN | 978-89-91998-35-3 03320

가격 | 28,000원

이 책은 투자참고용이며, 투자 손실에 대해서는 법적 책임을 지지 않습니다.

실전 차트

스윙·데이·스캘핑 기법

조 용 지음

이레미디어

십 년이면 강산도 변한다고 했다. 자신의 의지로 움직이지 못하는 강과 산도 변하는 세월인데, 하물며 사람의 십 년은 어떠하랴. 더욱이 한 가지 문제를 놓고 밤이나 낮이나 파고들었다면 그야말로 도가 통했다는 말을 들을 수 있어야 옳다.

주식시장에 발을 들여놓은 지 십 년이 훌쩍 넘었다. 지금은 주식시장을 보는 눈이 밝아졌지만 일부러 하려고 해도 할 수 없을 것만 같은 실수와 실패를 거듭하며 절망의 밑바닥까지 간 적이 있다.

평생을 공직에서 엔지니어로 일하다가 은퇴 후 주식투자를 시작했다. 처음에는 객장에 나가 증권사 직원을 통해 거래를 했고 몇 년 후부터는 컴퓨터 HTS를 사용했다. 초반에 손실을 낼 때는 내 손으로 직접 하면 나아질 거라고 기대했지만 HTS를 사용하고 나서도 크게 달라지지가 않았다. 기본 학습이 되어 있지 않은 상태에서 부동산에 투자했던 경험에만 의존하여 우량주를 매수하여 오래 보유하고 있으면 오르리라 믿었으나 대세 하락장에서 투자금의 대부분을 까먹고 말았다. 그렇게 5년 동안 애를 태운 다음 반등장이 와서 날이면 날마다 상한가를 치는 기쁨도 누렸지만 IMF라는 국가적 재난을 겪으면서 다시 완패하고 말았다.

막판에는 죽기 살기로 덤벼보자 하는 생각에 은행에서 융자까지 받아 투자금으로 썼다. 1개월에 60~90만 원씩 내고 종목을 추천받는 전문가 서비스에서 역사적인 급등주를 발굴했다는 말을 듣고 몰빵은 물론 미수까지 사용했다가 딱 4일 만에 현금이 반 토막 이하가 되는 참담한 일을 당했다. 갚을 길이 막막한 은행 부채라도 어떻게 해보려고 발버둥 치다가 결국 계좌가 깡통이 되었고, 그날 나는 고혈압으로 쓰러져 평생 처음으로 병원 신세를 지게 되었다.

병원 침대에 누워 있자니 처음 며칠은 울화가 치밀어 아무 생각도 나지 않았다. 그러다가 조금 안정을 되찾아가면서 너무도 급하게 달려온 과거를 회상하기 시작했다.

나는 그만그만한 시골 농가의 4남 2녀 중 다섯째로 태어났다. 중학생이 되었을 때 도시에서 고등학교, 대학교를 다니는 형님들 학비 때문에 부모님께서 너무 힘들어하시는 것을 보고 나라도 짐이 되지 말아야겠다는 생각으로 무작정 상경했다. 아무도 아는 사람 없는 서울역에 내려 버스에 올라탔으나 어디에 내려야 할지 계획이 서지 않았다. 그렇게 하염없이 창밖만 보고 있는데 안내양이 종점이니 하차하라고 해서 내린 곳이 청량리였다. 그때부터 새벽 4시에 그 일대의 가게들에 두부를 배달하는 일을 하며 7년째 고학을 하고 있는데 군 입대 영장이 나왔다.

군에 입대하면서 나는 어떤 어려움이 있더라도 군 생활 33개월 동안 영어 하나는 끝내고 제대하겠다는 결심을 하고 삼위일체(영어 학습서)와 영한사전을 챙겼다. 훈련소를 거쳐 강원도 화천에 자대 배치를 받고부터는 시간이 날 때마다 영어공부를 했다. 밥 먹는 시간, 쉬는 시간, 화장실에서의 시간을 아껴 1분 1초라도 책을 보려고 노력했다. 구보하는 시간에도 단어를 외우면서 힘든 것을 잊었고 동료들이 제일 싫어하는 시간대인 자정부터 2시까지 보초 서기를 자청해 문장을 외우고 영작을 공부했다.

그러던 어느 날 새벽 1시경. 화천의 겨울 날씨는 영하 20도 아래로 내려가기가 예사였는데 그날은 눈까지 내렸다. 평소와 다름없이 영어공부에 빠져 있는데 누가 어깨의 눈을 치워주는 것이었다. 깜짝 놀라 뒤돌아보니 영내 순찰을 돌던 중대장님이었다. 한참 동안 보고 있었는데 꼼짝도 안 하기에 눈을 털어준 것이라고 한다.

그 일이 있은 후 중대장님의 배려로 특수임무를 부여받았다. 동료 두 명과 약초 캐는 사람으로 변장하여 최전방 첩첩산중에서 땅굴을 파놓고 근무하게 되었다. 동료들은 주로 주위 산을 순찰하고 나는 권총에 실탄을 장전하고 방아쇠 안전장치를

풀어 앞에 놓고 공부했다. 거의 1년간 산속 근무를 하면서 삼위일체 내 문장을 완벽하게 암기하고 영작을 할 수 있게 되었다.

그렇게 군 생활이 끝나갈 무렵 국비 지원 해외유학시험이 있다는 소식을 듣고 응시했다. 천 명이 넘는 응시생이 모였다. 번역 한 시간, 영작 한 시간의 문제지를 받았을 때 나는 지성이면 감천이라는 말이 생각났다. 모든 문제가 삼위일체 내의 문장이었다. 문제지를 완성하고 재확인하는 데 20분이 채 안 걸렸다. 반 페이지가 넘는 시사문제를 완벽하게 영작하여 1등으로 합격하고 미국행 비행기에 탑승했다. 노력하는 자와 안하는 자의 차이는 하늘과 땅 차이라는 것을 실감했다. 비행기가 강원도 상공을 날아갈 때 저 아래 옛날 부대를 유심히 봤다. 이 추운 겨울에 물을 떠다가 탱크 궤도의 흙을 닦고 있을 동료들이 눈에 선해 안쓰러웠다.

웨스트버지니아의 학교에서 3개월 동안 엔지니어 기초과정을 공부하고 다음에는 앨라배마로 이동, 10개월간 전문지식을 공부하는 과정이었다. 학교에서 백악관까지는 버스로 40분 거리였다. 학교에 도착하자 2주일 동안 신입생 전원에게 플로리다의 명소들을 관광시켜주었는데 그중 하나가 특히 기억에 남는다. 케이프케네디(케이프커내버럴의 옛 이름)의 NASA를 방문했을 때다. 먼저 브리핑 룸으로 안내

받아 NASA에 대한 전체적인 설명을 들었다. 그다음에는 미사일 하나가 성공할 때까지 수도 없이 반복되는 실패 영상을 봤는데 정말 느끼는 점이 많았다. 한 번 실패할 때마다 엄청난 자금이 투입될 터인데 그 실패 하나하나에서 얻는 것이 더 크다는 관점이 부러웠다. 모든 작업 과정이 기록되고 평가되어 더 진전된 결과를 만들어내는 데 탄탄한 제 몫을 하고 있다는 생각이 들었다.

세계 18개국에서 온 국비 유학생들과 전세 비행기를 타고 휴양지를 관광했던 그 2주간의 여행은 지금도 아름다운 추억으로 간직하고 있다. 불과 몇 개월 전 강원도 첩첩산골에서 땅굴을 파놓고 짬밥을 먹으며 하늘과 나무밖에 벗할 게 없던 때와 너무나 비교가 되었다.

웨스트버지니아에서의 기초과정이 금세 지나가고 앨라배마로 옮겨 전문 기술교육이 시작되었다. 미국 학생 두 명, 독일 학생 다섯 명에 나까지 여덟 명이 한 반이 되어 10개월간 공부했다. 교육은 철저한 실습 위주였으며 1~2시간 강의, 6~7시간 실습이 매일 반복되었다. 강의 때는 그날의 핵심 내용을 강조해서 몇 번씩 되풀이 설명하고, 실습 시간에도 그 부분만 반복 실습했다. 끝날 무렵에는 매일 5분간 쪽지시험을 보고 이해하고 있는지를 확인했으며, 일주일을 마무리하는 금요일 오후에는 일주일 공부한 부분을 복습하고 중요한 부분을 몇 번이고 반복해서 연습을 시켰다. 월말과 분기 말 역시 그동안 배운 부분을 알고 있는지 시험을 거쳐 확인하고 실습을 시켜보고 잘못하는 부분을 되풀이하게 했다. 이론공부는 실습을 하는 데 도움이 될 정도만 시키고 전체 시간을 실습에 할애했다. 교수님들의 철저한 개인교습식 교육도 도움이 많이 되었지만 그보다 더 중요한 것은 실습을 반복할 수 있도록 점검지침으로 구성된 교재였다.

여기까지 생각하다가 갑자기 떠오르는 것이 있었다. 지금까지 5년 동안 밤을 지새우면서 주식 공부를 했는데 성과를 내지 못한 원인이 무엇인지를 깨달은 것이다. 당시 구할 수 있었던 투자서적이라고는 미국이나 일본의 저명한 펀드 매니저들이 쓴 책들이 대부분이었다. 내용은 하나같이 우량주를 저렴한 가격에 매수해서 수년 동안 기다렸다가 30~50퍼센트 상승하면 매도하라는 장기 투자에 관한 것들이었다. 국내 유명한 저자들이 쓴 책들도 장기 투자에 관한 것이 많았고 단기 투자에 관한 책이 더러 있었지만 기술적 분석 중에서도 어려운 지표 설명에 치중해 있었다. 이 책들을 읽고 실제 주식을 사고팔기란 여간 어려운 일이 아니었다. 그 문제가 어디에 있는가. 너무 광범위하면서 당위적인 내용과 이론에 치우쳐 있기 때문이다. 또 누구나 한눈에 보고 알 수 있도록 핵심을 일목요연하게 정리한 책이 드물고, 계속 반복 연습하여 자기 것으로 만들 수 있도록 독자를 훈련시키는 그야말로 지침서라 할 만한 책은 한 권도 없었다.

유학 때 일을 생각하다가 당시 교재와 같은 형식으로 나만의 지침서를 만들 생각을 했다. 그때로부터 십 년이 다 되어갈 무렵에야 확신이 든 나는 이것을 다른 사람들에게도 알려야겠다는 결심을 하고 책으로 만들었다.

첫 책 『실전 차트 매매 기법』이 나오자 부산, 인천, 서울 등 전국 방방곡곡에서 전화가 걸려왔다. 오래도록 기다렸던 책이라며 자격증 따기 위해 공부하듯 주식 공부도 그렇게 해야 한다는 말이 전적으로 옳다고 한 독자도 있었다. 차트에서 '시간'이라는 개념이 얼마나 중요한지, 투자 군중의 심리가 시간의 흐름에 따라 어떻게 변화하는지를 정확히 짚었다며, 차트에서 심리를 읽게 되었다는 독자의 얘기를 들을 때는 정말 뿌듯했다. 그 책의 서문에 썼듯이 우리 주식시장에도 주식의 달인이 필요하다는 것이 내 생각이었기 때문이다.

그리고 두 번째 책 『실전 차트 매매 기법 II』는 대세를 어떻게 판단하는가에 관한 내용이었다. 2009년 상반기에 이 책이 나올 때 나는 우리 증시 30년의 파동을 연구하여 네 번째 바닥임을 천명했다. 몇 백 개의 차트를 계속해서 보여주며 '여기가 바닥이다', '여기가 천정이다', '여기에서 반전한다'라고 낱낱이 짚어줬던 책이다. 두 번째 책을 읽고 확신을 가지고 주식시장에 참여한 독자 중 감사의 전화를 주셨던 분들과 여러 얘기를 나눴다. 그중 몇 분이 1권과 2권을 바탕으로 중·단기에 적용할 수 있는 기법을 정리해달라는 요청을 하여 이 원고가 정리되었다.

이 책은 며칠 또는 몇 개월 만에 트레이딩을 마치는 스윙부터 몇 분 만에 마무리되는 스캘핑까지 중·단기 트레이딩 위주의 기법을 정리한 것이다. 하지만 누누이 강조하건대 장기 투자가 아니라 하더라도 대세를 보는 눈, 장세를 판별하는 눈이 없으면 안 된다. 또한 아무리 차트 신호가 완벽하다 해도 언제 망할지 모르는 종목에는 들어가지 않는다는 원칙을 반드시 지켜야 한다. '눈 딱 감고 한 번만'이라면서 자기 재산을 운에 맡기는 사람들이 어떤 결과를 얻는지 그 많은 세월 동안 수도 없이 봐왔고 또 가슴 아팠다. 대세를 먼저 보고 투자할 가치가 있는 기업의 종목을 매매하는 것, 이것은 이 책에서 이야기하는 어떤 기법보다 중요한 원칙임을 꼭 기억하기 바란다.

코스피 월봉으로 볼 수 있는 대세뿐만 아니라 주봉, 일봉, 분봉에도 상승, 하락, 횡보라는 추세가 있다. 스윙이든 데이든 스캘핑이든 가장 먼저 봐야 할 것은 주요 추세와 반전 신호다. 이 책에서는 각 기간별로 추세와 신호를 어떻게 포착할 것인지를 정확히 580개의 차트로 제시하고 있다.

먼저 1부에서는 장세별 스윙 트레이딩 기법을 다룬다. 상승장, 하락장, 횡보장을 구분하여 매수 매도 기법을 설명하고, 최적 매수 패턴 22개를 따로 뽑았다. 2부에서는 일중 중요 시간대별 데이 트레이딩 기법으로 종일 상승이나 종일 하락이 예상되는 시초가 패턴, 10시 전후 반전 패턴, 1시 30분 전후 반전 패턴을 정리하였으며 최적 종가 매수 패턴 23개를 따로 뽑았다. 마지막 3부에서는 초단기 신호를 포착하여 매매하는 스캘핑 기법으로 매수, 홀딩 패턴과 매도, 관망 패턴으로 분류하였다. 그리고 리스크와 보상이 똑같이 높은 수직 급등주 매매는 12개의 차트로 마지막 장에 정리하였다.

책에 제시되어 있듯이 같은 종목의 다른 시간 단위 차트를 함께 보거나 종목과 업종 차트를 같이 보는 것은 대단히 중요한 습관이다. 단기 매매는 변동성이 크기

때문에 2~3개의 차트를 함께 보면서 신호를 확증하는 것이 좋다는 점을 미리 이야
기해둔다.

　끝으로 2008년 후반 100년 만의 세계적 금융 쓰나미가 우리나라에도 닥쳐 IMF
이상의 경제적 어려움을 겪던 때, 나의 첫 원고를 선뜻 출판해주신 이레미디어 출
판사에 진심으로 감사의 말씀을 전한다. 그때부터 지금까지 소중한 인연으로 이어
지고 있다. 더불어 전국의 수많은 독자님들께도 항상 감사드리며 이 책을 통해 수
익 내는 투자자의 길로 들어서시기를 기원한다.

2010년 1월
조　용

차례

1부 | 스윙 트레이딩(장세별)

1장 | 상승장 매수 매도 기법

2장 | 하락장 매수 매도 기법

4장 | 실전 최적 매수 패턴 22선

2부 | 데이 트레이딩(중요 시간대별)

5장 | 시초가 매매 1: 종일 상승 예상되는 시초가 패턴

7장 | 10시 전후 매매 1: 하락 중 상승 전환 패턴

8장 | 10시 전후 매매 2: 상승 중 하락 전환 패턴

11장 | 실전 최적 종가 매수 패턴 23선

3부 | 스캘핑(초단기 신호 포착 매매)

12장 | 초단기 매수, 홀딩 패턴

14장 | 수직 급등주 매매 기법

본문에 앞서

1. 성공투자를 하고 싶다면 바닥과 천정을 알아야 한다

※ 아무리 대세 상승장이라도 1, 3파 상승 뒤에는 2, 4파 조정이 오고 5파 상승이 진행된다.
5파 천정에서는 대세 하락장이 시작되어 B파 반등을 주고 A, C파로 바닥까지 하락한다.

주식투자를 하는 이유는 다른 것이 아니라 돈을 벌기 위해서다. 주식투자로 돈을 버는 방법은 싼 가격에 매수해서 그보다 높은 가격에 매도하여 차익을 남기는 것이다. 이것을 모르는 투자자는 한 사람도 없을 것이다. 그렇지만 모두가 수익을 내지 못하는 것은 무슨 이유인가. 싸다고 생각해서 매수했는데 더 싸지기 때문이며, 비싸다고 생각해서 매도했는데 더 비싸지기 때문이다. 바로 현재의 주가가 싼지 비싼지, 달리 말해 저점에 있는지 고점에 있는지를 분별하지 못하기 때문이다.

2007년 코스피가 한국 증시 사상 최초로 2087포인트를 기록했을 때, 당시가 천정이라고 말해준 전문가는 한 명도 없었다. 머잖아 3000포인트를 찍을 것이라며 모두 들떠 있었고, 어떤 분석가는 2~3년 후에는 5000에서 10000포인트까지 상승한다고 했다. 그 말을 믿고 장밋빛 꿈을 사들인 개미들은 본전에서 매도할 기회조차 갖지 못하고 폭포처럼 떨어지는 주가를 보며 절망해야 했다.

2008년 10월 코스피가 892까지 폭락했을 때는 700까지 간다는 분석가가 적지 않았고 바닥은 500이라고 말하는 이들도 있었다. 대부분은 그 시점까지 주식을 보유하고 있지도 못했지만, 극소수는 없는 셈 치고 오기로 버텼는데 전문가들의 분분한 설에 자포자기하는 개미들이 속출했다. 오랜 마음고생을 하고서도 얻은 것 없이 주식시장을 떠나야 했던 개미들은 1200포인트까지 급반등하는 지수를 보면서 발등을 찍고 싶은 심정으로 울었다.

주식투자를 하면서 바닥과 천정을 아는 것이 얼마나 중요한지 실감할 수 있을 것이다. 현재도 어떤 전문가는 일봉이나 주봉을 보면서 5파가 진행됐으니 천정이라고 말하기도 한다. 남 탓할 일이 아니다. 자신이 아는 방법밖에 없다. 이처럼 엉터리 분석가의 말을 믿을 것이 아니라 코스피 월봉을 보고 바닥과 천정을 자신이 확실히 구분할 줄 알아야 한다.

천정은 코스피 월봉 1~5파 상승 5파 고점이다.

바닥은 코스피 월봉 ABC하락 C파 저점이다.

코스피 월봉상 1~5파 상승이 진행된 5파 고점이 천정이다. 이 지점에서 어김없이 대세하락이 시작되었으며 ABC하락이 진행된 C파 저점이 바닥이다. 그러고 나면 다시 대세상승이 시작된다. 이는 과거 코스피 30년 역사가 증명해주고 있다.

바닥과 천정을 확실하게 알고 있다면 바닥에서 싼 가격에 매수해서 계속 보유했다가 천정이 왔을 때 고가에 매도하여 큰돈을 벌 수 있다. 바닥과 천정의 순환법칙은 봄에 씨앗을 뿌려 여름 내내 가꾸고 가을에 수확하면 겨울이 온다는 만고불변의 진리와 같다. 이를 확실히 안다는 것은 수많은 주식책을 읽는 것보다 중요하다. 대세 상승장에서 수익을 극대화하고, 대세 하락장에서는 현금을 확보하고 쉬면서 다시 대세 상승장이 올 때까지 기다릴 수 있어야 한다.

10여 년 전 주식투자를 시작하여 큰 실패를 경험하고 절망하고 있을 때 내가 가장 알고 싶었던 문제는 '어디가 천정이고 어디가 바닥인가'였다. 하지만 이것을 속 시원히 가르쳐주는 사람이 없었다. 수많은 책을 읽고 증권방송을 들으면서 이 문제를 해결하려고 노력했으나 도움이 되지 않았다. 결국 스스로 알아내는 수밖에 없다는 생각에 밤낮없이 연구에 매달린 결과 코스피 월봉에 답이 있음을 알아냈다. 가장 먼저 바닥과 천정을 분별하고 현재 지수가 바닥과 천정으로부터 어느 위치에 있는지, 상승이나 하락 파동의 몇 번째 단계인지를 확인한 후부터는 매수, 매도에 실패한 적이 없다.

　바닥과 천정을 분별하기 위해 내가 사용한 것은 첫째 엘리어트 파동이라는 이론적 근거와 둘째 과거 30년간 코스피 월봉을 속속들이 분석한 역사적 데이터였다. 그런 다음 각 파동의 연관관계를 활용하여 현재 장세를 파악했다. 예를 들어 현재가 월봉 1파 상승 뒤 2파 조정 저점이라면 앞으로 3파 상승과 4파 조정, 5파 상승이 남아 있다. 만약 3파 상승 뒤 4파 조정 저점이라면 5파 상승이 더 남아 있다. 코스피 월봉상 일단 1파가 시작되면 5파까지 상승하며, 5파 고점에서 A파 하락이 시작되면 C파 저점까지 하락이 계속되기 때문이다.

　과거 30년간 코스피 월봉상 4번의 바닥과 천정이 출현한 과정에서 각 파동의 상승폭과 조정폭을 보면 더 확실하게 예상할 수 있다. 표 1~3을 참고하면 되는데 요점을 정리하자면 다음과 같다.

　코스피 월봉 1파는 +135 ~ +348포인트(평균 +72%) 상승했고,

　코스피 월봉 2파는 −33 ~ −148포인트(평균 −11%) 조정받았고,

　코스피 월봉 3파는 +281 ~ +684포인트(평균 +104%) 상승했고,

　코스피 월봉 4파는 −53 ~ −136포인트(평균 −9%) 조정받았고,

　코스피 월봉 5파는 +101 ~ +790포인트(평균 +37%) 상승했다.

　코스피 월봉 A파는 −303 ~ −461포인트(평균 −32%) 하락했고,

　코스피 월봉 B파는 +71 ~ +228포인트(평균 +14%) 반등했고,

　코스피 월봉 C파는 −208 ~ −789포인트(평균 −42%) 하락했다.

표 1 과거 30년 동안의 바닥과 천정

대세상승 기간(±)

대세상승 1 3년 7개월 +875	대세 상승 2 2년 3개월 +689	대세 상승 3 1년 7개월 +789	대세상승 4 4년 8개월 +1550

```
▼ 01    H ▼ ↓ 수동 ▼ ◀ ◎ ▶ 일 주 월 분 틱 1 3 5 10 ▼ ↓ 종료일 2009/03/12 ↓ 개수 499 ↕ 조 회
  합   현재지수 1,199.50 전일대비 ▲ 28.56 등락률  2.44 % 거래량 454,482,000 주 1977/01/00 ~ 2009/03/00
종   합  이평(5) 이평(20) 이평(60) 이평(120) 이평(240)
```

2,085.45 (11/00) → 5

천정 4
2085(2007. 11)

천정 2
1145(1994. 11)

천정 1
1015(1989. 4)

천정 3
1066(2000. 1)

바닥 4
892(2008. 10)

바닥 1
456(1992. 8)

바닥 3
463(2001. 9)

바닥 2
277(1998. 6)

거래량 이평(5) 이평(20) 이평(60)
7,701,785,000 (74.45%)

1984 1986 1987 1988 1989 1990 1991 1992 1993 1994 1995 1996 1997 1998 1999 2000 2001 2002 2003 2004 2005 2006 2007 2008 2009

대세하락 1 3년 4개월 -559	대세하락 2 3년 5개월 -868	대세하락 3 3년 2개월 -531	대세 하락 4 1년 4개월 -1193

대세하락 기간(±)

표 2	4차례 대세 상승장의 코스피 월봉 상승 파동의 폭(1, 3, 5파 상승폭과 2, 4파 조정폭)				
	1파 상승파	2파 조정파	3파 상승파	4파 조정파	5파 상승파
기 간	86.1 ~ 86.7	86.8 ~ 86.10	86.11 ~ 88.5	88.6 ~ 88.8	88.9 ~ 89.3
대세 상승 1	138 ~ 273 : +135 (+97%)	273 ~ 240 : −33 (−12%) (음봉 수 3)	240 ~ 717 : +477 (+198%)	717 ~ 664 : −53 (−7%) (음봉 수 2)	664 ~ 1015 : +351 (+52%)
기 간	92.8 ~ 93.5	93.6 ~ 93.8	93.9 ~ 94.1	94.2 ~ 94.3	94.4 ~ 94.10
대세 상승 2	513 ~ 752 : +239 (+46%)	752 ~ 664 : −88 (−11%) (음봉 수 3)	664 ~ 945 : +281 (+42%)	945 ~ 867 : −78 (−8%) (음봉 수 2)	867 ~ 1105 : +238 (+27%)
기 간	98.9 ~ 98.12	99.1 ~ 99.2	99.3 ~ 99.7	99.8 ~ 99.10	99.11 ~ 99.12
대세 상승 3	310 ~ 562 : +252 (+81%)	562 ~ 520 : −42 (−7%) (음봉 수 2)	520 ~ 969 : +449 (+86%)	969 ~ 833 : −136 (−14%) (음봉 수 3)	833 ~ 934 : +101 (+11%)
기 간	2002.3 ~ 2004.2	2004.3 ~ 2004.7	2004.8 ~ 2006.1	2006.2 ~ 2007.1	2007.1 ~ 2007.10
대세 상승 4	535 ~ 883 : +348 (+65%)	883 ~ 735 : −148 (−16%) (음봉 수 5)	735 ~ 1419 : +684 (+93%)	1419 ~ 1295 : −124 (−8%) (1년간 횡보)	1295 ~ 2085 : +790 (+61%)
평 균	+135 ~ +348 (평균 +72%)	−33 ~ −148 (평균 −11%)	+281 ~ +684 (평균 104%)	−53 ~ −136 (평균 −9%)	+101 ~ +790 (평균 +37%)

표 3 4차례 대세 하락장의 코스피 월봉 하락 파동의 폭(A, C파 하락폭과 반등 B파 반등폭)

	A파 하락파	B파 반등파	C파 하락파
기 간	89.4 ~ 90.9	90.9 ~ 91.7	91.8 ~ 92.7
대세 하락 1	1015 ~ 602 : −413 (−40%)	602 ~ 717 : +117 (+19%) (9개월 횡보)	717 ~ 509 : −208 (−29%)
기 간	94.11 ~ 96.12	97.1 ~ 97.5	97.6 ~ 98.6
대세 하락 2	1145 ~ 685 : −460 (−40%)	685 ~ 756 : +71 (+10%) (양봉 수 4)	756 ~ 297 : −459 (−60%)
기 간	2000.1 ~ 2000.4	2000.5 ~ 2000.6	2000.7 ~ 2000.11
대세 하락3	1028 ~ 725 : −303 (−29%)	725 ~ 821 : +96 (+13%) (양봉 수 2)	821 ~ 509 : −312 (−38%)
기 간	2007.11 ~ 2008.1	2008.2 ~ 2008.5	2008.6 ~ 2008.11
대세 하락 4	2085 ~ 1624 : −461 (−22%)	1624 ~ 1852 : +228 (+14%)	1852 ~ 1063 : −789 (−42%)
평 균	−303 ~ −461 (평균 −32%)	+71 ~ +228 (평균 +14%)	−208 ~ −787 (평균 −42%)

대세상승과 대세하락의 구간을 보면 수많은 양봉과 음봉이 나타나 상승과 하락을 반복하고 있다. 하나의 월봉은 20개의 일봉과 1,440개의 5분봉으로 구성되어 있어 1개월 동안 크고작은 수많은 파동이 요동친다. 대세에 따라 바닥에서 매수하였다면 월봉상 양봉이 연속 출현하는 동안은 너무 일봉, 분봉에 연연해하며 조급한 매매를 할 것이 아니라 느긋이 기다릴 줄 알아야 한다. 그리하여 월봉상 5파 고점에 이르면 천정 징후를 살피고 매도를 준비해야 하는데 이때 일봉, 분봉으로 매도 시점을 잡으면 된다.

2. 바닥과 천정에서는 어떤 일들이 일어나는가

주식시장이 코스피 월봉상 대세하락 C파 저점, 즉 바닥에 이르러 있을 때 사회 전반의 환경은 어떤 모습일까. 국내 경기 상황은 물론 국제적으로도 기나긴 침체의 터널을 지나온 상황이다. 가계, 기업, 정부가 허리띠를 졸라매며 강력한 자구책을 마련하며, 특히 기업은 기반이 튼실한 기업만 살아남아 강도 높은 구조조정을 실시하면서 폐허가 된 시장을 재건해간다. 실질금리가 마이너스가 되면서 MMF나 국채 등에 단기 자금이 100조 이상 쌓여 있다가 돈의 힘으로 올라가는 금융장세가 시작된다.

초기에는 낙폭과대 우량주와 금융, 건설 등의 업종이 먼저 상승하고 이 시점에 차트상으로는 V, W, U, ∪(둥근바닥), ⌐(반전 니은)과 같은 5개의 패턴이 출현한다. 즉 급락 후 급등하는 V자 패턴, 전저점에서 지지되는 W자(쌍바닥) 패턴, 급락 후 횡보하다가 급등하는 U자 패턴, 완만한 하락이 계속되다가 완만한 상승이 이어지는 ∪(둥근바닥) 패턴, 장기 횡보 뒤 상승하는 ⌐(반전 니은) 패턴 등이다. 이들은 모두 가격조정과 기간조정을 충분히 거친 패턴이라는 특징을 갖는다.

1년 정도의 경기 회복을 거쳐 활황기에 들어서면 철강, 화학, 섬유, 제지, 시멘트 업종 등의 상승에 이어 자동차, 기계, 전기, 조선, 정밀 등의 업종에서 국제적인 호황을 맞는 업종이 나올 경우 국제경쟁력이 있는 기업의 주가가 급등한다. 이때에는 상승 업종 30% 정도가 시장을 이끌게 되는데 주도주들의 거래량이 시장 전체의 절반이 넘어가는 상승 초기 동승해야 큰 수익을 낼 수 있다.

약 2년간의 경기 활황기가 지나면서 물가와 금리가 상승하고, 정부에서도 인플레이션 우려로 금융긴축정책을 발표하면 주가는 5파 고점, 천정에 도착하게 된다. 천정에서는 코스피 지수와 업종 대표주의 상승이 더뎌지고 시가총액 상위 종목들의 상승도 둔화되면서 신고가 갱신에 실패하는 사례가 잦아진다. 이 지점에서 세력은 개미에게 물량을 넘기기 시작한다. 최근의 상승세에 젖어 고점 징후를 포착하지 못한 개인 투자자들이 계속 목표가를 상향하는 엉터리 분석가들의 말만 믿고 큰 손실을 보게 되는 곳이 바로 이 지점이다.

코스피 월봉 상승 5파가 진행된 다음에는 언제라도 매도할 수 있도록 긴장을 늦추지 말아야 한다. 하락장악 장대음봉, 쌍봉, 갭하락 음봉, 긴 위꼬리 등은 목숨 걸고 매도해야 하는 상투 징후이므로 명심하라. 고점에서 현금을 확보한 뒤에는 1~3년 기다렸다가 C파 저점 바닥에서 매수를 시작하라.

3. 먼저 추세를 파악하고 매매 전략을 세워야 한다

1. 월봉, 주봉으로 먼저 대세를 파악하라.

① 코스피 월봉으로 대세상승, 대세하락, 대세횡보 중 어느 장세인가 확인하라.

② 코스피 월봉 1~5파와 ABC파 중에서 현재 어디에 위치하는지 파악하라.

③ 코스피 주봉으로 현재 월봉 파동의 진행 위치와 고점을 파악하라.

2. 각 업종 차트로 상승, 하락, 횡보 업종을 파악하라.

① 일봉으로 상승 업종을 점검하여 월봉과 같은 장세로 진행되는가 확인하라.

② 일봉으로 상승 업종 내 1등 종목이 무엇인지 찾아라.

3. 30분봉으로 단기 추세를, 5분봉으로 당일 추세를 확인하라.

① 30분봉 20, 60선이 우상향하면 단기 상승장세를 예상하라.

30분봉 20, 60선이 우하향하면 단기 하락장세를 예상하라.

30분봉 20, 60선이 횡보하면 단기 횡보장세를 예상하라.

② 5분봉으로 당일 20선이 우상향 시작하면 당일 상승을 예상하라.

5분봉으로 당일 20선이 우하향 시작하면 당일 하락을 예상하라.

5분봉으로 당일 20선이 횡보 시작하면 당일 횡보를 예상하라.

4. 30분, 5분봉에 기초하여 매매 전략을 세워라.

    ① 상승장세이면 매수하여 홀딩하라.

    ② 하락장세이면 보유주 매도하고 매매 중단하라.

    ③ 횡보장세이면 저점 매수 고점 매도로 수익 내라.

항상 실전에 앞서 추세를 파악하고 그 추세에 맞게 대응하는 것이 최선의 방법이다. 월봉으로 대세판단을 먼저 하고 일봉, 주봉으로 세부적인 움직임을 예상하라. 앞으로 상승할 여지가 어느 정도인지 조정이 언제쯤 시작될 것인지를 미리 알고 매매에 임하면 실패를 줄일 수 있다. 예를 들어 현재 주가 위치가 월봉 1파동이며, 주봉상으로는 상승 3파 진행 중이라고 하자. 그러면 앞으로 주봉의 4파 조정과 5파 상승이 남아 있으므로 월봉 1파 고점이 어느 정도일지 예상할 수 있다. 정확히 들어맞는 수치까지는 짚어내지 못하겠지만 적어도 조정이 임박한 파동 끝물에 매수하거나 재상승 시작될 시점에 매도하는 우를 범하지는 않을 수 있다.

그다음으로 중요한 것이 각 업종 차트를 점검하여 현재 상승 업종을 파악하고 그중 주도 종목을 선택하는 것이다. 종목을 선택했다면 30분봉으로 며칠 동안의 추세를 보고 5분봉으로 매매 시점을 포착한다.

매수할 때의 제1원칙은 급하게 추격매수하는 것은 금물이며 눌림목에서 안정적으로 진입해야 한다는 것이다. 급격히 상승 중인 양봉을 추격매수하면 꼭 후회하게 된다. 그리고 어느 특정 종목에 애착을 갖는다든지 전에 수익을 줬다는 이유로 횡보나 하락 중에 매수하는 일도 금물이다. 근거가 분명하지 않은 매수는 반드시 실패한다. 현재 상승 추세가 시작되는 종목이나 진행 중인 종목을 매수, 보유해야 한다. 이때에도 단봉으로 완만하게 상승 중인 종목보다 완만한 상승 후 장대양봉이 출현하면서 상승 각도가 높아질 때를 노려야 수익이 커진다. 1~5파 상승 중 통상 1 파 상승 중에는 단봉으로 완만한 상승을 하는 경우가 많고 3파에서 5파 상승 중에 급등이 진행된다. 한번 매수한 종목은 자신이 결정한 기준선을 하락 돌파하지 않는 한 계속 보유하라.

4. 매수 종목 선택이 승률 90% 좌우한다

앞으로 코스피 지수가 어떻게 상승이 진행될지 다우 지수를 참고해보자. 1980년 963포인트였던 다우 지수는 연간 평균 200포인트씩 완만하게 상승하며 14년 후인 1994년에는 3834포인트에 도착했다. 이후 매물 소화 과정을 거치면서 소폭의 상승 과 하락을 반복하다가 1998년까지 5년간 13264포인트까지 급등했다. 매년 2000포 인트씩 9430포인트가 상승한 것이다. 하지만 이 기간 동안 주식시장의 모든 종목이 그 정도로 상승한 것은 아니다. 'nifty fifty(우량주 50종목)'라고 불리는 기관들의 선호 종목 50개가 지수를 이끌었다. 대세 상승장에서 주도주를 매수, 보유하는 것 이 얼마나 중요한지 깨달아야 한다. 앞으로 코스피가 상승을 계속한다면 한국판 nifty fifty에 주목해야 한다.

또 다른 예를 들자면 멕시코 증시를 볼 수 있다. 2002년 미국과 FTA 체결 당시 6127포인트였으나 체결 후 5년 동안 29536포인트까지 폭등했다. 한미 FTA가 국회 비준을 통과하면 국내 주식시장에서도 반드시 그 대표적인 수혜 종목이 나타날 것 이다. 멕시코의 경우 기업들의 실적이 갑자기 좋아진 것이 아니라 미국의 거대 기 업들과 M&A(인수합병)를 함으로써 주가가 상승했던 것임을 기억하라.

또한 아무리 급등장세라고 해도 1파 상승 후에는 2파 조정이 오고, 3파 상승과 4 파 조정, 5파 상승 순으로 진행된다. 따라서 대세 상승장이 시작되면 월봉상 조정을 받는 시기에는 현금을 확보했다가 2~5개월의 조정기간을 지난 다음 상승파 시작 지점에서 재매수하여 끝까지 홀딩해야 한다.

1. 관심주는 이렇게 찾아라.

   ① 장기 횡보 뒤 이평선 수렴 시점에서 월봉 5선 우상향 초기 종목

   ② 3차 하락 뒤 월봉 5선 우상향 초기 종목

   ③ 월봉 각 상승 파동(1, 3, 5파) 시작 종목 중에서 주봉 상승 1파 중인 종목

2. 관심주 중에서 다음 5가지 사항에 해당하는 5~10종목을 압축하라.

   ① 일봉상 위에 저항선 없고 정배열 상태에서 상승 패턴 출현 종목

   ② 기관과 외국인 투자자의 매수가 증가세인 종목

   ③ 거래 증가하면서 신고가 갱신이나 전고점 상승 돌파 종목

   ④ 지수 하락 시에도 낙폭 크지 않고 견조한 흐름 유지하는 종목

   ⑤ 일일 거래량 10만 주 이상, 주가 5,000원 이상 종목

3. 압축된 5~10종목 중에서 당일 시초가에 거래 급증하며 5분봉상 위꼬리 없는 장대양봉 출현하면 매수하라.

4. 매수할 때 기준선을 5선으로 할지 20선으로 할지 정해야 이후 전술이 흔들리지 않는다. 5선을 기준으로 매수했으면 5선 지지되는 한 홀딩하고, 20선을 기준으로 매수했다면 20선 지지되는 한 홀딩한다. 매도 시점 역시 자신이 기준선으로 설정했던 이평선이 붕괴되는 때로 잡는다.

실전에 임할 때 반드시 기억해야 할 점은 월봉 1파 고점과 주봉 5파 고점은 일치한다는 것이다. 이 시점에서는 필연적으로 조정이 시작되는데 월봉 1파 고점에서 음봉 2~5개, 주봉상으로는 ABC 조정이 실현된다. 그러므로 월봉 1파, 3파, 5파 상

승 초기, 주봉 1파 진행 종목을 매수해야 상승이 지속될 수 있으며 주봉 5파에 가까워진 종목을 매수하면 곧 하락하게 된다. 상승 중에도 양봉만 연속되는 것이 아니라 양봉이 3~7개 출현하면 음봉 2~5개가 출현하기 때문에 주가가 20선과 10% 이상의 이격을 보이면 조정을 예상해야 한다. 5선이 꺾이면 매도했다가 주가가 20선과 수렴된 뒤 5선이 우상향 재개하는 초기에 재매수하는 전략으로 임한다.

또한 종목 차트를 주시할 때 업종과 코스피 차트를 동시에 살펴야 신뢰도가 높다. 동시에 5선이 꺾이거나 우상향 시작한다면 그에 맞춰 신속히 매매하는 것이 남보다 빠르게 움직이는 지름길이다.

반드시 지켜야 할 종목 선택 원칙

매수 종목 선택에서 가장 중요한 사항은 실전 경험이 적은 투자자일수록 매매 종목을 우량주에 한정해야 한다는 것이다. 이 책에는 여러 다양한 패턴 사례를 보여주기 위해 대형주부터 리스크 높은 소형주까지 포함되어 있다. 그 패턴을 학습하되 실제 매매는 코스피2000이나 스타지수 종목 등 우량주로 한정하는 절제력이 있어야 한다. 우량주는 저가주나 소형주에 비해 일단 '망할' 염려가 적다. 주식시장은 어떤 일도 일어날 수 있는 곳이며, 날마다 승승장구하던 종목이 어느 날 상장폐지되기도 한다. 이런 일을 당한다면 그야말로 총 한번 쏴보지 못하고 전쟁에서 지는 것이 아니겠는가.

또한 우량주는 변동성이 적어 초보자들도 그 폭을 감내할 정도이고 기관이나 외국인 투자자들의 보유분이 많기 때문에 저점에서 지지될 확률이 높다. 대형 우량주로 착실히 매매하며 실력을 쌓는다면 나중에는 어떤 종목이라도 매매가 가능해질 것이다. 일확천금을 바라면서 조급하게 매매하지 말고 수익 내는 법을 먼저 배워 성공 경험을 쌓길 재삼 강조한다.

제1부 스윙 트레이딩
– 장세별

01
상승장 매수 매도 기법

핵심요약

1 대세 상승 초기(월봉 1파 상승) 1등 상승 업종 내 1등 상승주를 모든 자금으로 매수하라.

2 일봉 5선이나 20선을 기준선으로 정하고 그 기준선이 꺾이지 않는 한 음봉이든 양봉이든 계속 홀딩하라.

3 대세상승 중에 상승 업종과 1등 상승 종목이 바뀌면 1등 상승 업종 내 1등 상승주로 종목 교체하라.

4 횡보 중인 종목, 하락 중인 종목을 너무 하락했다는 이유만으로 매수, 보유하지 말라.

5 주식시장에서 큰돈을 번 사람 모두가 대세 상승장 바닥에서 매수해서 상승 끝까지 홀딩하여 천정에서 매도한 이들이다.

코스피 월봉상으로 볼 때 몇 년간의 장기 횡보를 거쳤거나 ABC하락이 진행된 C 파 저점에서 대세상승이 시작된다. 코스피 월봉 1파 상승이 시작되면 동원 가능한 모든 자금으로 1등 상승 업종 내에서 1등으로 치고 나가는 종목을 매수, 보유하라.

기준선을 일봉이나 주봉의 5선이나 20선으로 정하고 그 기준선이 꺾이지 않는 한 홀딩하라. 도중에 음봉 몇 개가 출현한다고 해도 매도하지 말 것이며 기준선이 우상향하고 있으면 끝까지 홀딩하라. 대세 상승장에서는 코스피 월봉을 보고 큰 윤곽을 잡고 양봉 월봉이 계속 출현하는 동안은 일봉과 분봉에서 흔들려 매도하면 절대 안 된다. 세력이 개미를 털어내고 가기 위해 분봉, 일봉에서 장대음봉을 출현시키면서 매도를 유도하는 것이다.

특히 상승 초기라면 자신 있게 홀딩하라. 주식시장에서 큰돈을 번 사람 모두가 대세 상승장 바닥에서 천정까지 홀딩했던 이들이었다는 사실을 꼭 기억하라.

그러나 월봉상 1파 상승 뒤 2파 조정 시점이나 3파 상승 뒤 4파 조정 시점이라면 월봉 음봉이 2~5개 즉 2개월에서 5개월간 출현하므로 진입하지 말고 기다려야 한다. 과거 코스피 조정폭을 보면 -7%에서 -16%까지 조정받고 바닥 찍고 재상승했다. 그러므로 최대 -16%까지 조정이 되면 재상승을 예상하라.

상승하던 보유 종목이 더 이상 상승세를 유지하지 못하고 횡보하거나 하락으로 돌아서면 종목을 교체해서 항시 1등 상승 업종 내 1등 상승주를 보유하고 있어야 한다. 종목 교체는 현재 보유 종목이 너무 상승했다는 이유여서는 안 되고 합당한 이유가 있을 때 해야 한다. 특히 주의해야 할 점은 현재 횡보 중인 종목인데 과거 우량주였다는 이유로 매수하는 실수를 하지 말아야 한다는 것이다. 과거에는 인기 종목이었을지라도 현 장세에 부합하지 않기 때문에 매수세가 붙지 않는 것이다.

월봉, 주봉, 일봉, 분봉 모두에서 20선이 우상향하는가 확인하라. 20선이 60, 120, 200선을 골든크로스하면서 우상향하는 종목이 가장 매수, 보유에 적합한 종목이다. 주가는 20선 지지받고 상승 진행하고 20선 저항받고 하락이 깊어진다.

① 일봉에서 20선이 60, 120, 200선을 골든크로스한 뒤 우상향 시 최소 3개월 이상 상승하고, 일봉에서 20선이 60, 120, 200선을 데드크로스한 뒤 우하향 시 최소 3개월 이상 하락한다.
② 주봉에서 20선이 60, 120, 200선을 골든크로스한 뒤 우상향 시 최소 6개월은 상승하고, 주봉에서 20선이 60, 120, 200선을 데드크로스한 뒤 우하향 시 최소 6개월은 하락한다.
③ 월봉에서 20선이 우상향 시작하면 최소 1년 이상 상승하고, 월봉에서 20선이 우하향 시작하면 최소 1년 이상 하락한다.

먼저 주봉, 월봉에서 상승 초기인 종목을 선택해야 상승이 지속된다

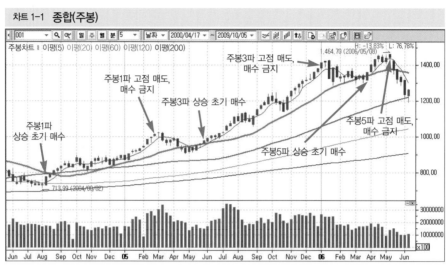

차트 1-1 **종합(주봉)**

주봉1파 상승 초기 매수

주봉1파 고점 매도, 매수 금지

주봉3파 상승 초기 매수

주봉3파 고점 매도, 매수 금지

주봉5파 상승 초기 매수

주봉5파 고점 매도, 매수 금지

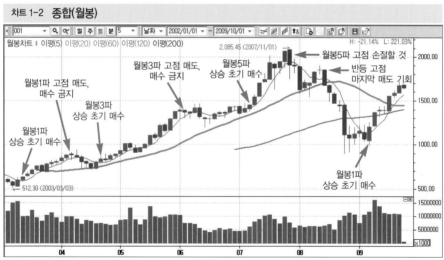

차트 1-2 **종합(월봉)**

월봉1파 상승 초기 매수

월봉1파 고점 매도, 매수 금지

월봉3파 상승 초기 매수

월봉3파 고점 매도, 매수 금지

월봉5파 상승 초기 매수

월봉5파 고점 손절할 것

반등 고점 마지막 매도 기회

월봉1파 상승 초기 매수

종목을 선택할 때는 제일 먼저 이후 상승 여력을 살펴야 한다. 주봉과 월봉에서 각 파동의 초기일 때 이후 상승이 오래 진행되며, 파동 고점에 있는 종목을 선택하면 바로 하락한다. 주봉, 월봉에서 상승 초기 우상향 5선 타는 양봉을 매수하라.

주봉에서 주가가 20, 60선과 골든크로스하고
일봉 20선이 수렴된 장기 이평선 골든크로스 시 매수하라

차트 1-3 엘앤에프(일봉)

차트 1-4 엘앤에프(주봉)

　　주봉 3차 하락 저점에서 반등하여 2개월 정도 횡보하다 주가와 60, 20선이 골든 크로스되고 일봉상으로도 수렴된 장기 이평선과 20선이 골든크로스될 때 최적 매 수 시점이다. 매수 뒤 우상향 20선 지지받고 상승하는 한 계속 홀딩하라.

주봉에서 주가가 20선을 골든크로스하고
일봉 20선이 장기 이평선을 골든크로스하면 매수, 홀딩하라

차트 1-5 네패스(일봉)

차트 1-6 네패스(주봉)

주봉 3차 하락 저점에서 쌍바닥 뒤 약 2개월 횡보하고 주가와 20선이 골든크로스
할 때 일봉상으로도 20선이 장기 이동평균선을 차례로 골든크로스하면 상승이 이
어진다. 골든크로스 초기에 매수하여 우상향 20선 지지받고 상승하는 한 홀딩하라.

주봉에서 쌍바닥 2차 저점이 20선 지지되고
일봉 20선이 장기 이평선을 골든크로스하면 매수, 홀딩하라

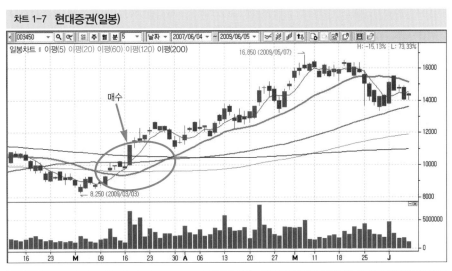

차트 1-7 현대증권(일봉)

차트 1-8 현대증권(주봉)

　　주봉에서 주가와 20선이 골든크로스한 뒤 횡보하다 약 2개월 후 20선 지지받고
상승할 때 일봉에서 20선이 장기 이평선을 차례로 골든크로스하면 상승이 오래간
다. 골든크로스 초기에 매수하여 우상향 20선 지지받고 상승하는 한 계속 홀딩하라.

거래량이 증가하면서 주가 상승이 시작되는 시점에 매수하라

차트 1-9 종근당바이오(일봉)

차트 1-10 종근당바이오(주봉)

일봉과 주봉에서 동시에 주가 상승이 시작되는 시점부터 거래량은 증가하기 시작한다. 거래량이 수반되어야 장기간 상승이 지속되며 거래량 없는 상승은 오래가지 못한다.

일봉에서 단양봉 밀집패턴 출현 시
매수하라

차트 1-11 엔씨소프트(10분봉)

차트 1-12 엔씨소프트(일봉)

매수 시점

일봉에서 단봉으로 양봉이 연속 출현하는 것은 세력이 물량을 조금씩 모아가고 있다는 신호로 볼 수 있다. 이때 매수하면 머지않아 본격 상승이 진행된다.

20선 지지받는 장대양봉 뒤 금일 보합에서
음봉 밑꼬리 발생하면 초기에 매수하여 홀딩하라

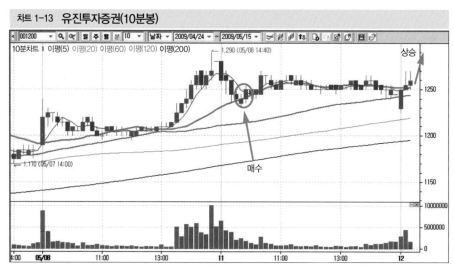

차트 1-13 유진투자증권(10분봉)

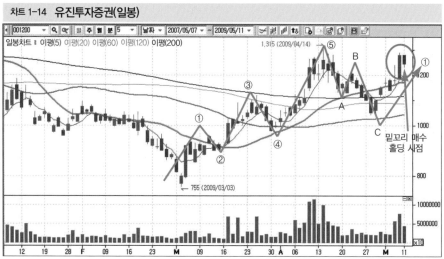

차트 1-14 유진투자증권(일봉)

일봉상 20선 지지받고 첫 장대양봉이 출현하고 익일 보합에서 음봉이 발생했다가 밑꼬리가 달리기 시작하면 초기에 매수하라. 보유 중이면 홀딩하라. 5분이나 10분봉에서 음봉으로 연속 하락 중 첫 양봉을 매수하라.

20선 지지받는 장대양봉 뒤
금일 보합에서 양봉 몸통이 커지면 홀딩하라

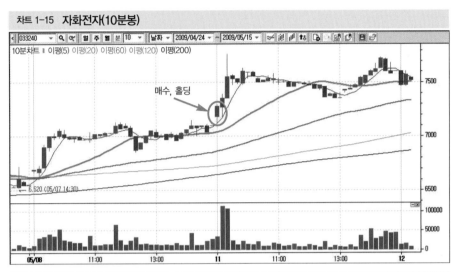

차트 1-15 자화전자(10분봉)

매수, 홀딩

차트 1-16 자화전자(일봉)

⑤ 매수, 홀딩 시점

일봉상 장대양봉이 20선 지지받고 출현 시 익일 시초가를 주시하라. 보합에서 양

봉이 출현하고 몸통이 커지면 초기에 매수, 홀딩하라. 5분봉에서 시초가 양봉 출현

시 매수하라.

20선 지지받는 장대양봉 뒤 갭상승 음봉이
장대양봉 3분의 2 이상에서 종가 치면 홀딩하라

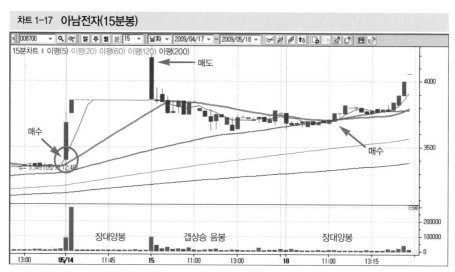

차트 1-17 아남전자(15분봉)

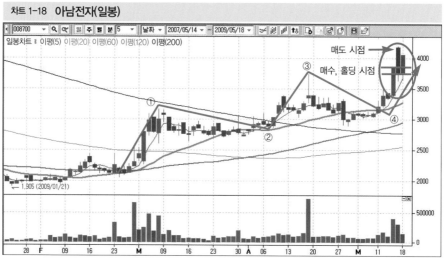

차트 1-18 아남전자(일봉)

　　일봉상 장대양봉 익일 갭상승 음봉이 출현하여 하락하다 밑꼬리가 생기면서 장대양봉 몸통 3분의 2 이상에서 종가 치면 3일째에 장대양봉 다시 출현한다. 5분이나 15분봉으로 주시하다 주가가 20, 60선과 골든크로스할 때 매수하라.

20선 지지받는 장대양봉 뒤
도지 출현 시 매수하라

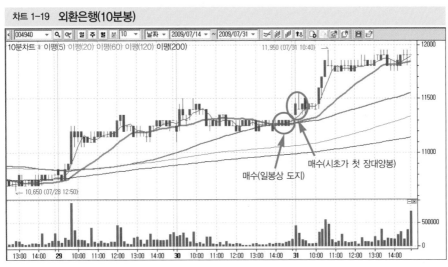

차트 1-19　외환은행(10분봉)

차트 1-20　외환은행(일봉)

　일봉상 우상향하는 20선 지지받고 장대양봉 출현한 다음날 단봉 도지 출현 시 매

수하라. 3일째에 상승하므로 시초가에 매수해도 된다.

20선 지지받는 장대양봉 뒤 거래 없는 단봉 홀딩하면
세 번째 날 장대양봉 출현한다

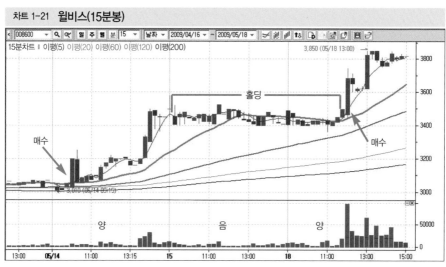

차트 1-21 월비스(15분봉)

차트 1-22 월비스(일봉)

일봉상 N자 상승 중에 20선 지지받는 첫 장대양봉 출현 시 당일 시초가 매수가 제일 좋고, 익일 단봉이 거래 없이 장대양봉 상단에 출현해도 매수 기회다. 거래량 없는 단봉 익일에 장대양봉 출현한다. 5분봉이나 15분봉을 주시하다 전고점 상승 돌파하는 양봉 매수하라.

20선 지지받는 장대양봉 뒤
도지 2개 출현 시 익일 상승을 예상하라

차트 1-23 디에이피(15분봉)

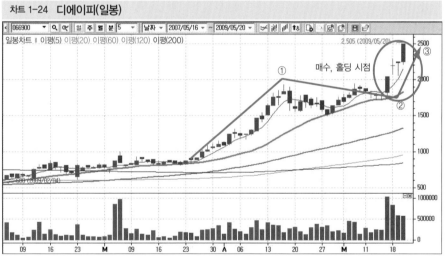

차트 1-24 디에이피(일봉)

 일봉상 20선 지지받는 첫 장대양봉 뒤 2개의 도지가 출현하면서 두 번째 도지에서 거래가 감소하면 다음날 상승한다. 5분봉이나 15분봉으로 상승 초기 매수하라.

20선 지지받는 장대양봉 뒤
단봉 2개째 거래 급감 시 매수하라

차트 1-25 **큐릭스(15분봉)**

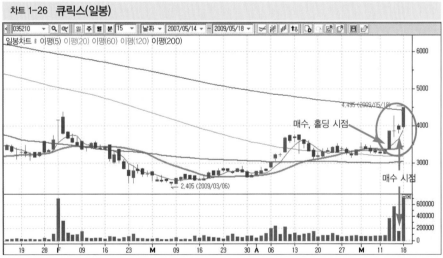

차트 1-26 **큐릭스(일봉)**

일봉상 20선 지지받는 첫 번째 장대양봉이 위꼬리 없이 출현하고 단봉 2개가 이어질 때 2개째 단봉에서 거래가 급감하면 4일째에 장대양봉 출현한다. 5분봉이나 15분봉에서 단봉 2일째 횡보 중 저점에서 매수하라.

20선 지지받는 장대양봉 뒤 3단봉 출현하며
거래 감소하면 익일 장대양봉 예상하라

차트 1-27 에스디(15분봉)

차트 1-28 에스디(일봉)

　　일봉상 우상향하는 20선 지지받고 첫 장대양봉이 출현한 뒤 단봉이 3개 이어지며 거래 감소하면 익일 장대양봉이나 갭상승 상한가를 기대할 수 있다. 5분봉이나 15분봉으로 단봉 횡보 중에 3일째 저점에서 매수하라.

20, 60선 지지받는 상한가 뒤
3번째 단봉 거래 급감하면 매수, 홀딩하라

차트 1-29 인터플렉스(15분봉)

차트 1-30 인터플렉스(일봉)

　　일봉상 20선 지지받는 상한가 출현 뒤 3개의 단봉이 이어지면서 세 번째 단봉에서 거래가 급감하면 익일 상승을 예상하라. 5분봉이나 15분봉으로 상승 초기 매수하라.

20선 지지받는 역망치 뒤 단봉 출현 시
거래량 감소하면 매수하라

차트 1-31 성호전자(15분봉)

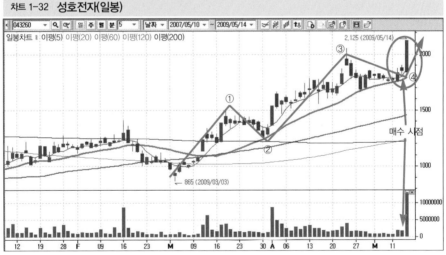

차트 1-32 성호전자(일봉)

일봉상 N자 상승 중 20선 지지받는 양봉 역망치 뒤 단봉이 출현하면 익일 5분봉
을 주시하라. 5분봉에서 양봉이 출현하는 상승 초기 매수하라.

20선 지지받는 장대 역망치 뒤 단음봉 두 번째에서
거래 급감 시 익일 장대양봉 출현한다

차트 1-33　HMC투자증권(15분봉)

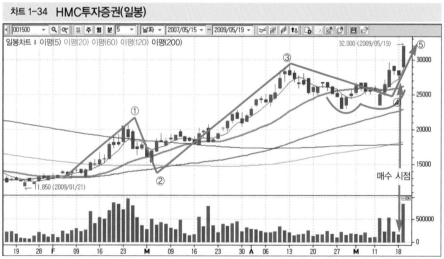

차트 1-34　HMC투자증권(일봉)

일봉에서 20선 지지받는 장대 역망치가 출현한 뒤 단음봉이 이어질 때 두 번째
단봉에서 거래량 급감하면 익일 장대양봉 출현한다. 분봉에서 장대양봉 또는 거래
량이 급감하며 횡보하는 구간이 매수 기회다.

20선 지지받는 장대 역망치 뒤 2음봉 두 번째에서
거래 급감 시 익일 장대양봉 출현한다

차트 1-35 빛과전자(15분봉)

차트 1-36 빛과전자(일봉)

　　일봉상 N자 상승을 보이며 우상향하는 20선 지지받고 첫 장대 역망치가 출현한

뒤 단봉 2개가 출현 시 두 번째 단봉에서 거래량 급감하면 다음날 장대양봉 출현한

다. 5분이나 15분봉으로 매수 시점 포착하라.

20, 60, 120, 200선 지지받는 장대양봉 뒤
6단봉째 거래 급감 시 익일부터 상승한다

차트 1-37 IHQ(30분봉)

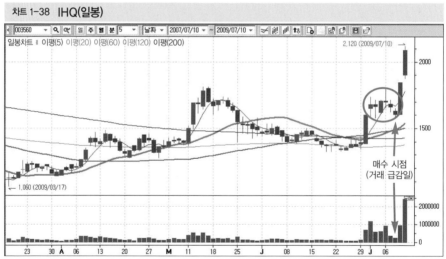

차트 1-38 IHQ(일봉)

일봉상 20선이나 60, 120, 200선에 각각 따로 지지받거나 수렴된 제반 이평선 지지받고 위꼬리 없는 장대양봉 출현 뒤 장대양봉 몸통 상단에서 단봉 이어지면 주시하라. 마지막 여섯 번째 단봉이 거래 급감하면 5분봉이나 30분봉을 보며 매수하라.

1차 상승 뒤 단봉 횡보 후
전고점을 상승 돌파하는 양봉 매수하라

차트 1-39 NH투자증권(10분봉)

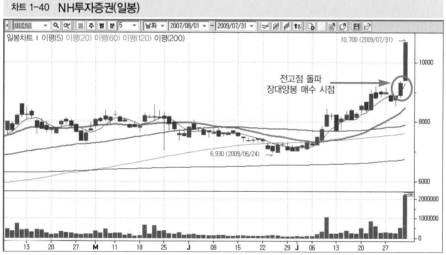

차트 1-40 NH투자증권(일봉)

　　일봉상 1차 상승 고점에서 단봉 횡보 중 직전 고점을 상승 돌파하면서 20선이 120, 60선을 골든크로스한 뒤 우상향하는 종목을 매수하라. 10분봉상으로 며칠간 횡보 중 거래량이 거의 없다가 증가하기 시작하고 전고점을 상승 돌파하며 종가가 최고가라면 최적의 조건이다.

N자 상승 중 우상향 20선 지지받는
상승반전 패턴 출현 시 매수하라

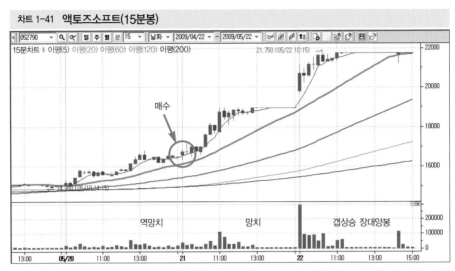

차트 1-41 액토즈소프트(15분봉)

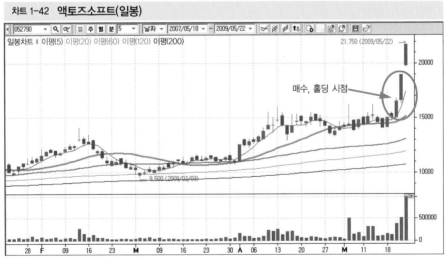

차트 1-42 액토즈소프트(일봉)

일봉상 20선 지지받는 역망치가 먼저 출현하고 다음날 역망치 위꼬리 부분의 매물을 거둬들이면서 망치형이 만들어지면 상승반전 패턴이 완성된다. 이때는 3일째 부터 장대양봉 출현하면서 상승한다. 분봉으로 전고점 상승 돌파 시 매수하라.

전고점 돌파를 갭상승으로 실현하면
초기에 매수하여 홀딩하라

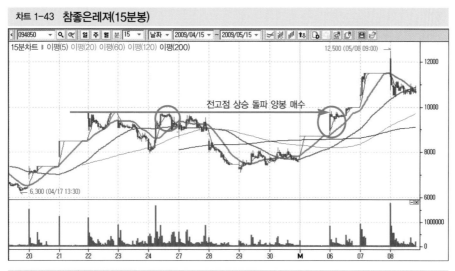

차트 1-43　**참좋은레져(15분봉)**

전고점 상승 돌파 양봉 매수

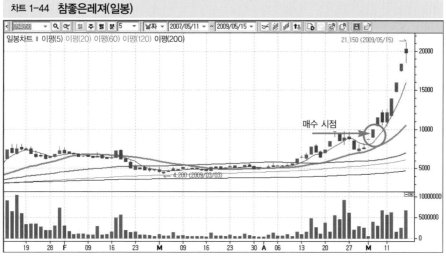

차트 1-44　**참좋은레져(일봉)**

매수 시점

일봉상 장기 횡보 중 1차 상승하다 눌림목에서 20선 지지받고 재상승 시 직전 고점을 갭상승으로 돌파하는 첫 장대양봉 매수, 홀딩하라. 5분봉이나 15분봉으로 전고점 돌파 시점에 매수하라.

일봉상 20, 60선 우상향하며 1~5파 상승 중
2파 저점에서 20선 지지되면 매수하라

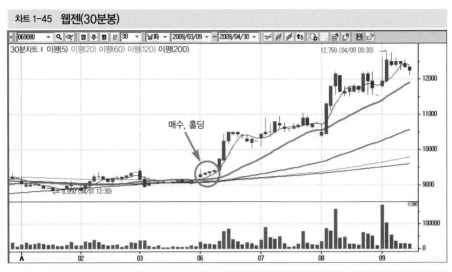

차트 1-45 웹젠(30분봉)

차트 1-46 웹젠(일봉)

일봉 1~5파 상승 과정에서 2파 조정 중 20선 지지 시 매수하고, 4파 조정 중에는 20선을 일시 붕괴하는 음봉 매수하라. 1~5파 상승 중이므로 20, 60선의 우상향이 이어진다. 매수 타이밍은 5분봉이나 30분봉에서 전고점 돌파로 포착하라.

1~5파 상승 과정에서 4파 조정 시
20선을 일시 붕괴하는 음봉 뒤 첫 양봉 매수하라

차트 1-47 동부제철(30분봉)

매수, 홀딩

8,200 (04/29 09:00)

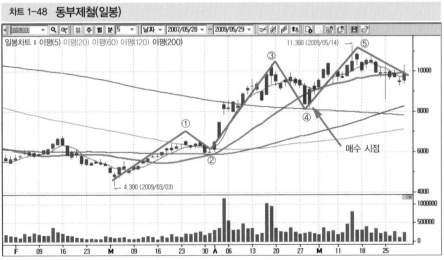

차트 1-48 동부제철(일봉)

11,300 (2009/05/14)

매수 시점

4,300 (2009/03/03)

일봉상 1~5파 상승 과정에서 4파 조정을 받을 때 20선과 200선을 장대음봉으로 붕괴하더라도 20, 60선이 우상향 중이면 조급하게 매도하지 말고 주시하라. 신규 매수자는 5분봉이나 30분봉으로 음봉 연속 하락 뒤 첫 양봉 매수하라.

일봉 4파 조정 시점에서 쌍바닥 출현 시
5파 상승을 예상하라

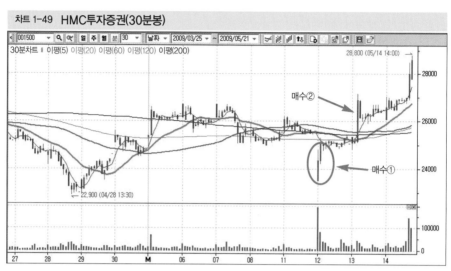

차트 1-49 HMC투자증권(30분봉)

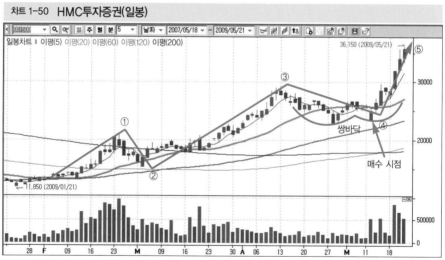

차트 1-50 HMC투자증권(일봉)

일봉 3파 고점을 지나 4파 조정 시기에 쌍바닥이 만들어지면 5파 상승을 예상하고 매수하라. 쌍바닥 2차 저점에서 갭하락 역망치 출현 시가 1차 매수 시점이고 20선 돌파 시가 2차 매수 시점이다. 5분봉이나 30분봉에서 시초가 갭하락 때 매수하라.

일봉상 1~5파 상승 뒤 ABC 조정 중 C파 저점에서
60, 120선 지지받는 양봉 매수하라

차트 1-51 LG화학(30분봉)

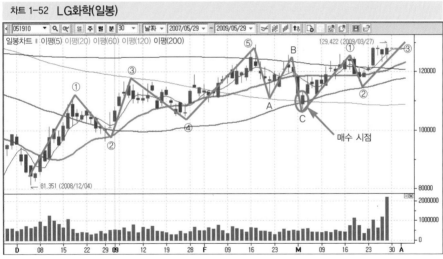

차트 1-52 LG화학(일봉)

　주가 파동은 1~5파 상승 뒤 ABC 조정받고 다시 1~5파 상승이 시작된다. C파 저점에서 60선과 120선 동시 지지받고 출현하는 양봉은 새로운 1~5파 상승을 의미하므로 매수하여 홀딩하라. 5분이나 30분봉에서 우상향 5선과 양봉이 20선과 골든크로스 시 매수하라.

일봉상 1~5파 상승 뒤 ABC 조정 중 C파 저점에서
60, 200선 동시 지지받는 장대양봉 매수하라

차트 1-53 CJ인터넷(30분봉)

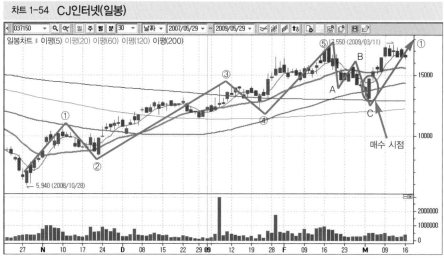

차트 1-54 CJ인터넷(일봉)

일봉 1~5파 상승을 거친 뒤 ABC 조정을 받는 중 C파 저점에서 60선과 200선을 상승 돌파하는 장대양봉 출현은 또 다른 파동이 시작됨을 알려준다. 5분봉이나 30분봉에서 우상향 5선이 20선과 골든크로스하면 매수하여 홀딩하라.

첫째 날 작은 음봉, 둘째 날 장대음봉에 이어
셋째 날 오전 하락 뒤 오후 밑꼬리 만들면 매수하라

차트 1-55 GS건설(15분봉)

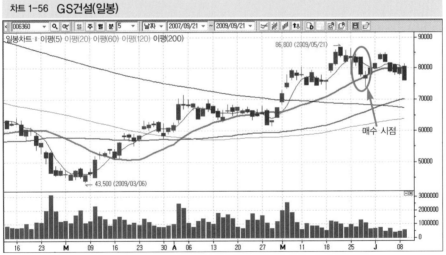

차트 1-56 GS건설(일봉)

첫째 날 적게 하락(소음봉)하고, 둘째 날 많이 하락(대음봉)한 뒤 셋째 날 오전에 하락하다 오후에 반등하며 밑꼬리가 만들어지면 적극 매수하라. 5분봉이나 15분봉을 주시하다 우상향 5선이 20선과 골든크로스할 때 2차 매수하라.

첫째 날 작은 음봉, 둘째 날 장대음봉에 이어
셋째 날 오전 하락 뒤 오후 상승 시 분봉 쌍바닥 매수하라

차트 1-57 기계(15분봉)

차트 1-58 기계(일봉)

  첫째 날 작은 음봉, 둘째 날 장대음봉에 이어 셋째 날 오전 하락하고 오후 반등하면 분봉을 살펴라. 5분봉상으로 쌍바닥이 형성되면 2차 저점에서 매수하라. 분봉에서 장대음봉 출현하고 폭락 시는 다음날 하락 횡보하더라도 오후 상승 예상다.

첫째 날 작은 음봉, 둘째 날 장대음봉에 이어
셋째 날 오전 하락 뒤 오후 상승 시 분봉상 U자 패턴 매수하라

차트 1-59 GS건설(30분봉)

차트 1-60 GS건설(일봉)

　　첫째 날 작은 음봉, 둘째 날 장대음봉에 이어 셋째 날 오전 하락하고 오후 반등하면 분봉을 살펴라. 5분봉에서 U자 패턴이 완성되거나 장대음봉이 2~3개 출현 후 긴 밑꼬리가 만들어지는 초기에 매수하라.

20선 지지받는 양음양 매수하면 상승한다

차트 1-61 경창산업(15분봉)

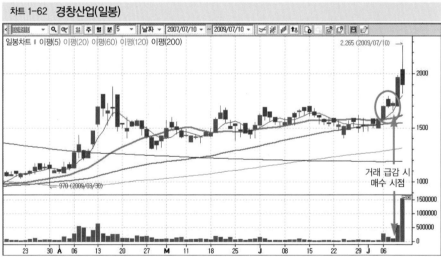

차트 1-62 경창산업(일봉)

일봉에서 장기 횡보 중 20선 지지받고 양음양 출현하면 상승한다. 분봉에서 양음양 마지막 양봉 도지가 거래 급감하면서 출현하면 익일 장대양봉을 예상하고 매수하라.

20, 120선 지지받는 양음양 매수하면 상승한다

차트 1-63 SK네트웍스(30분봉)

차트 1-64 SK네트웍스(일봉)

　20선이 60, 120선을 골든크로스하는 시점에서 20, 60, 120선 지지받는 장대양봉 뒤 음봉과 양봉 도지가 이어지면 계속 상승이 진행된다. 그러므로 양음양 중 양봉 도지가 최적 매수 시점이다. 양봉 도지 출현하는 날 5분이나 30분봉 최저점에서 매수하라.

N자 상승 초기 미사일 패턴 출현 시 매수하라

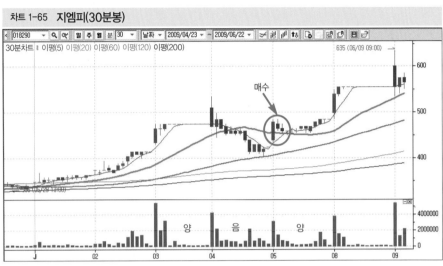

차트 1-65 지엠피(30분봉)

차트 1-66 지엠피(일봉)

양봉 뒤 장대음봉, 그리고 양봉이 출현할 때 매수하여 홀딩하면 상승한다. 이를 필자는 미사일 패턴이라 이름 지었는데 상승 확률이 높은 패턴 중 하나다. 5분봉이나 30분봉으로 우측 양봉인 3일째 양봉을 매수하면 상승 초기에 합류할 수 있다.

N자 상승 초기 첫째 날 장대양봉, 둘째 날 양봉에 이어 셋째 날 도지 출현 시 매수하여 홀딩하라

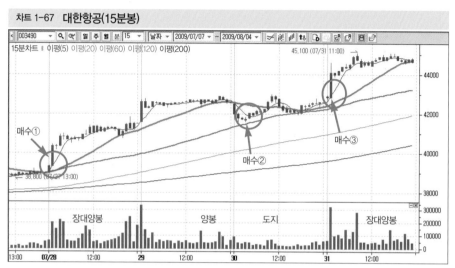

차트 1-67 대한항공(15분봉)

차트 1-68 대한항공(일봉)

20선이 60, 120, 200선과 골든크로스하면서 우상향 시 1일 장대양봉, 2일 양봉, 3일째 양봉 도지 출현하면 매수하여 홀딩하라. 5분봉이나 15분봉에서 밑꼬리 출현하는 최저점에서 매수하라.

급등 고점에서 거래 급증하면서
하락장악 장대음봉 출현 시 매도하라

차트 1-69 한성기업(30분봉)

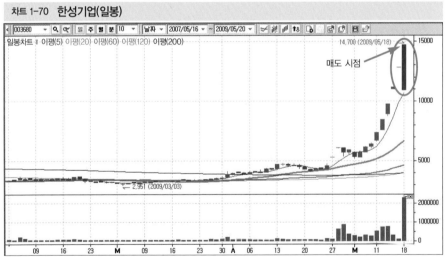

차트 1-70 한성기업(일봉)

일봉에서 계속 상한가 치면서 거래 없이 급등하다 거래량이 급증하면서 하락장악 장대음봉 출현하면 무조건 매도하라. 5분봉에서 시초가 첫 장대음봉에 매도하라.

갭상승 계속되는 고점에서 거래 급증하면서
하락장악 장대음봉 출현 시 매도하라

차트 1-71 손오공(5분봉)

차트 1-72 손오공(일봉)

　　일봉에서 200선 저항 돌파 후 전고점을 넘어 급등하다 거래 급증하면서 장대음
봉이 출현하는 것은 매도 세력의 대량 물량이 쏟아지기 때문이다. 이때는 하락 초
기 신속히 매도하라. 5분봉에서 갭상승 위꼬리가 달리거나 음봉이 출현하면 초기에
매도하라.

일봉 5파 고점에서 출현하는
하락장악 장대음봉 즉시 매도하라

차트 1-73 마크로젠(30분봉)

차트 1-74 마크로젠(일봉)

일봉상 1~5파 상승 5파 고점에서 하락장악 장대음봉 출현 시는 즉시 매도하라.

5분봉이나 30분봉에서 갭상승 첫 음봉이 보이면 즉시 매도하라.

일봉 5파 고점에서 출현하는
긴 위꼬리+장대음봉 즉시 매도하라

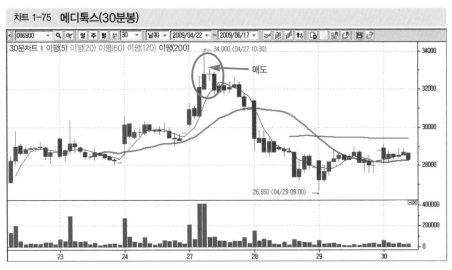

차트 1-75 메디톡스(30분봉)

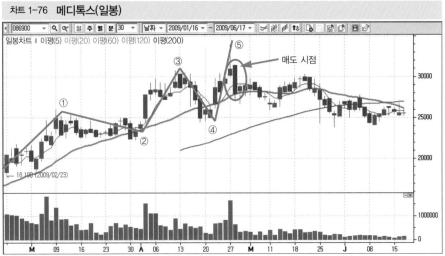

차트 1-76 메디톡스(일봉)

　　1~5파 상승 5파 고점에서 긴 위꼬리+장대음봉 출현 시는 필연적으로 하락하므로 초기에 매도하라. 30분봉이나 5분봉에서 위꼬리 출현 시가 매도 시점이다.

일봉 고점에서 갭하락 음봉 매도하라

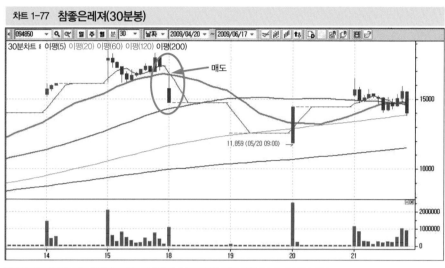

차트 1-77   참좋은레져(30분봉)

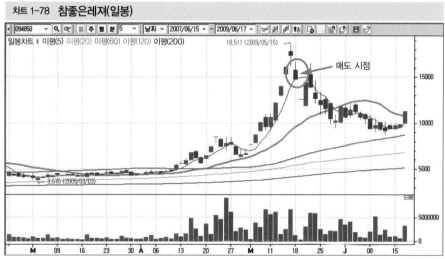

차트 1-78   참좋은레져(일봉)

일봉 고점에서 첫 갭하락 음봉도 매도하라. 갭하락 음봉이 한 번 출현하면 세 번까지 출현한다. 30분봉이나 5분봉에서 첫 갭하락 음봉 출현 시 즉시 매도하라.

일봉 고점에서 쌍봉 출현 초기 매도하라

차트 1-79 에이모션(30분봉)

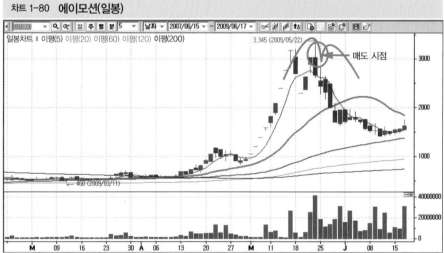

차트 1-80 에이모션(일봉)

일봉상 수직 급등 고점에서 쌍봉이 출현하면 급락하므로 초기에 매도하라. 고점에서 긴 위꼬리 음봉은 상투 신호이므로 무조건 매도하라. 30분봉이나 5분봉에서 첫 음봉이 20선과 데드크로스할 때가 매도 시점이다.

일봉 고점에서 3봉 출현 시 매도하라

차트 1-81 오리엔트바이오(30분봉)

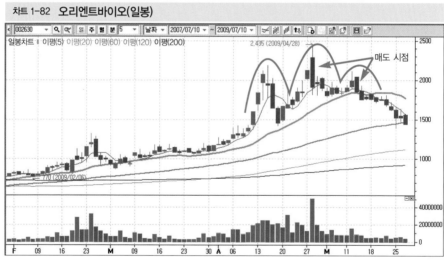

차트 1-82 오리엔트바이오(일봉)

일봉상 3봉(헤드앤숄더형) 출현 시 급락하므로 즉시 매도하라. 30분봉에서도 두
번째 고점이나 세 번째 봉이 낮게 출현하거든 즉시 매도하라.

일봉 급등 고점에서
긴 위꼬리(비석형) 출현 초기 매도하라

차트 1-83 베리앤모어(10분봉)

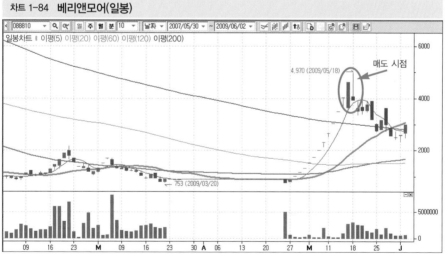

차트 1-84 베리앤모어(일봉)

점상으로 급등하다 장대양봉이 출현하면 곧 하락할 것을 예상해야 한다. 긴 위꼬리(비석형) 출현 초기 매도하고, 매도한 후에는 절대로 미련 갖지 말라. 5분이나 10분봉상으로는 장대양봉 뒤 음봉 출현 초기가 매도 시점이다.

일봉 상승 중 우하향 240선 저항받고
첫 음봉 출현 시 매도하라

차트 1-85 하이닉스(30분봉)

차트 1-86 하이닉스(일봉)

　　일봉에서 상승 중 우하향 240선 저항받고 밀려 그 밑에서 계속 음봉 출현 시 초기에 매도하라. 매도 시점 포착은 5분봉이나 30분봉상으로 상승하다 더 이상 상승하지 못하고 위꼬리가 만들어질 때 또는 20선과 데드크로스되는 장대음봉이 등장할 때다.

일봉 급등 고점에서 우하향 200선 저항받고
장대음봉 출현 시 매도하라

차트 1-87 넷시큐어테크(30분봉)

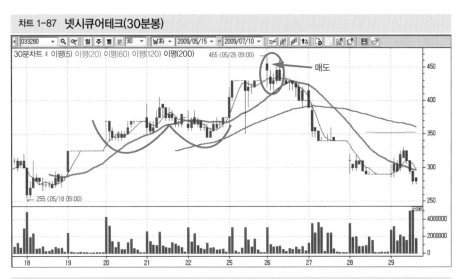

차트 1-88 넷시큐어테크(일봉)

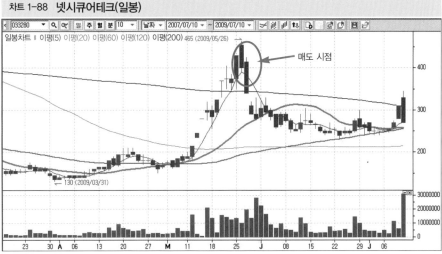

일봉상 급등 고점에서 장대음봉이 우하향하는 200선 저항받고 출현하거든 즉시
매도하라. 30분봉상 고점에서 장대음봉이 출현하면 즉시 매도하라.

N자 상승 중 2파 저점에서 20선 지지 역망치 매수하여
2일째 장대양봉 홀딩, 3일째 갭상승 음봉에 매도하라

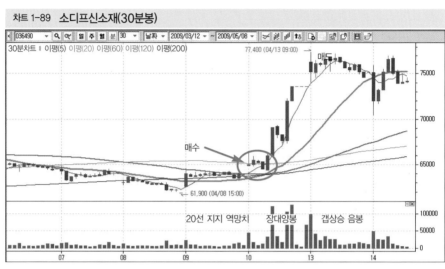

차트 1-89 소디프신소재(30분봉)

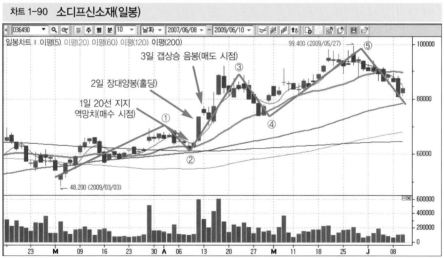

차트 1-90 소디프신소재(일봉)

　　N자 1~5파 상승 중에 2파 저점에서 20선에 지지받는 역망치 출현 시 매수하여 2일째 장대양봉은 홀딩하고 3일째 갭상승 음봉 출현 초기에 매도하라. 단, 3일째 장대양봉 몸통 2분의 1 이상에서 지지되는 단음봉이면 홀딩하라.

N자 상승 중 4파 저점에서 갭하락 도지 매수하고
2일째 장대양봉 홀딩, 3일째 갭상승 음봉에 매도하라

차트 1-91 웅진케미칼(15분봉)

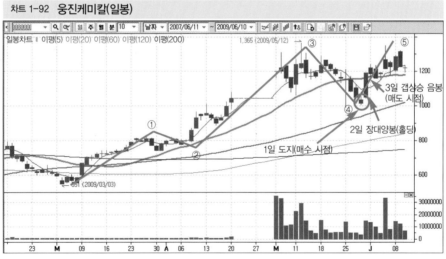

차트 1-92 웅진케미칼(일봉)

　　N자 상승 중 2, 4파 저점에서 도지 출현 시 매수하면 익일 상승한다. 2일째는 장
대양봉 출현하므로 홀딩하고 3일째에 갭상승 음봉 출현 시 매도한다. 3일째 날 5분
봉에서 시초가 하락 초기 매도하라.

4파 저점에서 20선 지지 긴 밑꼬리 매수하여
2일째 장대양봉 홀딩, 3일째 갭상승 음봉에 매도하라

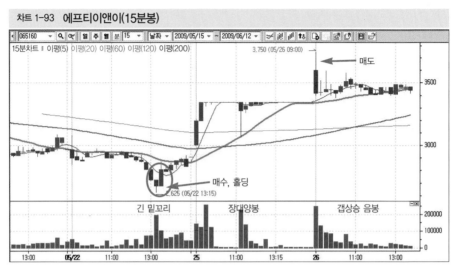

차트 1-93 에프티이앤이(15분봉)

차트 1-94 에프티이앤이(일봉)

2, 4파 저점에서 20선 지지되는 긴 밑꼬리 출현 시 매수하라. 5분이나 15분봉을 주시하면서 음봉 하락 중 밑꼬리 뒤 양봉 출현 시 매수하라. 2일째 장대양봉 홀딩하고, 3일째에는 갭상승 음봉 출현 시 매도하고 갭상승 양봉 출현 시 계속 홀딩하라.

일봉 20선 지지받는 장대양봉 뒤
상승하다 위꼬리 출현하면 초기에 매도하라

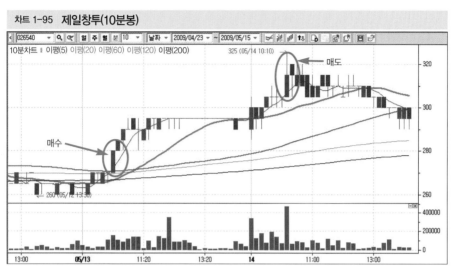

차트 1-95 제일창투(10분봉)

차트 1-96 제일창투(일봉)

　　분봉상 첫 장대양봉이 20선 지지받고 위꼬리 없이 출현하면 초기에 매수하여 홀

딩하고, 익일 주시하다 위꼬리 출현 초기 매도하라. 5분이나 10분봉상으로 시초가

에 양봉 상승하다 위꼬리+음봉 출현하면 즉시 매도하라.

02
하락장 매수 매도 기법

핵심요약

1 주식시장에서 손실은 대세 하락장에서 과감하게 처분하지 못하고 보유했기 때문이다.

2 주식시장에서 손실은 단기 매매에 숙달되지 못한 사람이 하락장에서 너무 빈번한 매매를 했기 때문이다.

3 코스피 월봉 5파 고점을 지나 A파 하락 초기에는 현금 확보하고 B파 반등 고점에서 잔량을 반드시 모두 매도하라.

4 일봉, 주봉에서 20선이 60, 120, 200선을 데드크로스한 뒤 우하향 초기 매도하고 장중에 반등해도 매수하지 말라.

5 대세하락 ABC파 중에서 마지막 C파는 기간도 짧고 수직으로 폭락하기 때문에 반드시 그전에 손절하라.

코스피 월봉상 1~5파 상승이 진행된 5파 고점에서는 필연적으로 대세하락이 시작된다. 먼저 주가가 5, 20, 60, 120, 200선과 차례로 데드크로스되고 모든 이평선이 우하향으로 돌아서면 대세 하락장이 최소 1~3년간 진행된다. 대세하락 ABC파 중에서 반등 B파는 재상승이 아니라 고점에서 매도할 수 있는 마지막 기회이다.

주식시장에서 실패하는 원인은 첫째가 경험이 부족하여 단타의 위험을 아직 깨닫지 못한 초보자들이 하락장에서 겁 없이 빈번한 매매를 하는 것이다. 두 번째 실패 원인은 하락장세인데도 재상승을 기대하고 손절을 하지 못하는 것이다. 상승장에서는 대부분이 돈을 벌지만 하락장에 들어서면서 파산자가 속출하는 이유가 바로 이것이다. 과거 30년간 우리 증시 역사상 4번의 천정이 출현했을 때에도 매번 똑같은 실수가 반복되었다.

더욱이 직전까지의 상승장에 취해 있는 투자자들은 고점 징후를 알아차리지 못하거나 무시하기 일쑤이며, 여기에 분석가들까지 목표가 높이기 경쟁을 벌이기 때문에 제때 빠져나오지 못한다. 이평선들이 이미 고점에서 꺾여 순차적 데드크로스가 진행되고 있는데도 재상승의 기대를 버리지 못하고 계속 보유하는 투자자들이 많다. 심지어 이전 상승 행진에 가담하지 못한 아쉬움에 떨어지는 칼날을 붙드는 신규 매수자들도 있다.

하락장에서는 귀신도 돈을 못 먹는다. 하물며 단타에 익숙하지 못한 개인 투자자들은 매매를 하면 할수록 손실만 커질 뿐이다. 분봉에서 시초가에 20선이 60, 120, 200선을 수직 데드크로스하고 우하향하는 당일 하락세, 주봉에서 20선이 60, 120, 200선을 데드크로스하고 우하향하는 중기 하락장세, 월봉에서 우하향 5선 밑에 음봉이 계속 출현하다 반등 시 20선 저항받고 하락하는 대세 하락장세 등에서는 초기에 모든 보유주를 매도하고 매매를 중지해야 한다. 상승장을 기다려라.

5파 고점에서 출현하는 상투 패턴은 다음과 같다.
① 하락장악 장대음봉 ② 긴 위꼬리 + 음봉
③ 갭하락 음봉 ④ 쌍봉
⑤ 모든 이평선 일시 데드크로스하는 장대음봉

3차 하락 뒤 출현하는 바닥 패턴은 다음과 같다.
① 갭하락 장대양봉, 긴 밑꼬리, 도지, 역망치
② 주가와 20선 골든크로스 ③ 쌍바닥
④ 거래 급증 + 장대음봉 ⑤ 첫 갭상승 양봉

일봉 3차 하락 저점에서
장대양봉 출현 시 매수하라

차트 1-97   신성FA(30분봉)

차트 1-98   신성FA(일봉)

　　일봉상 3차 하락이 진행된 저점에서 장대양봉이 출현하면 매수하고 30분봉에서

도 3차 하락 저점에서 장대양봉 출현이 매수 적기가 된다. 익일 갭상승 음봉이 출현

하거든 초기에 매도하라. 재매수 시점은 분봉상 주가가 20선과 골든크로스할 때다.

일봉 3차 하락 저점에서
갭하락 긴 밑꼬리 출현 시 매수하라

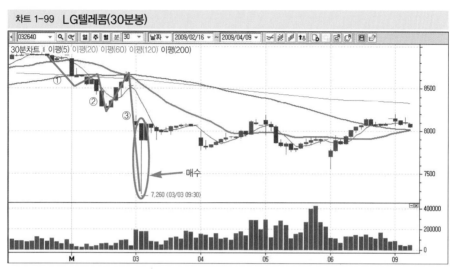

차트 1-99 LG텔레콤(30분봉)

차트 1-100 LG텔레콤(일봉)

일봉상 3차 하락 저점에서 갭하락 긴 밑꼬리 출현하면 매수하라. 5분봉이나 30분

봉상으로도 3차 하락 저점에서 갭하락 긴 밑꼬리 출현 시 매수하여 홀딩하라.

일봉 3차 하락 저점에서
갭하락 도지 출현 시 매수하라

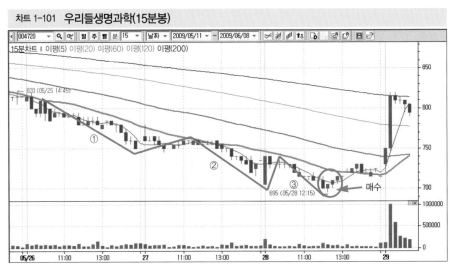

차트 1-101 우리들생명과학(15분봉)

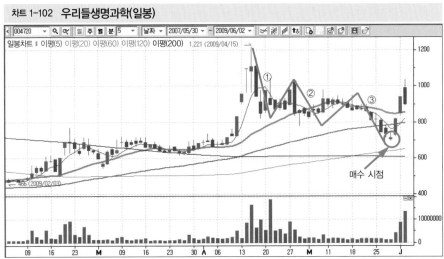

차트 1-102 우리들생명과학(일봉)

일봉상 3차 하락이 진행되던 중 갭하락 도지가 발생하면 다음날 양봉이 출현하면서 상승이 시작된다. 5분봉이나 15분봉으로 주가가 20선과 골든크로스하는 시점에 매수하라.

일봉 3차 하락 저점에서
거래 급증하는 장대음봉 출현 시 매수하라

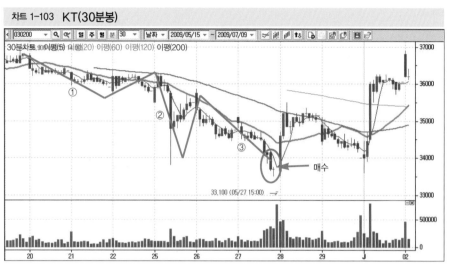

차트 1-103 KT(30분봉)

차트 1-104 KT(일봉)

일봉과 30분봉상 3차 하락 저점에서 장대음봉이 거래량 급증하면서 출현하면 바
닥이므로 매수하라.

일봉 3차 하락 저점에서 쌍바닥이 출현하고
2차 저점 이후 20선 상승 돌파 시 매수하라

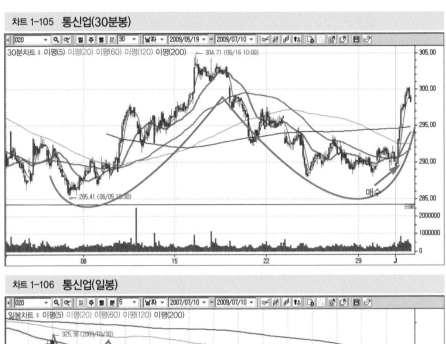

차트 1-105 통신업(30분봉)

차트 1-106 통신업(일봉)

일봉상 3차 하락 뒤 쌍바닥이 출현하고 2차 저점 이후 20선을 상승 돌파하는 장
대양봉 매수하라. 30분봉에서도 쌍바닥 2차 저점 이후 20선 상승 돌파 시 매수하라.

일봉 3차 하락 저점에서 6단봉 출현 시
이후 첫 장대양봉 매수하면 상승한다

차트 1-107 올리브나인(30분봉)

6단봉 익일 시초가 매수

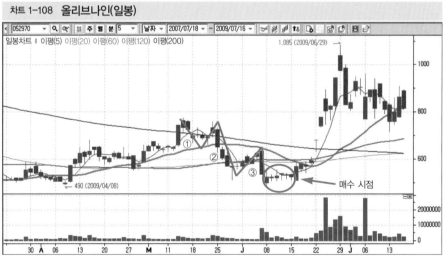

차트 1-108 올리브나인(일봉)

매수 시점

일봉상 3차 하락 후 장대양봉이 출현한 뒤 단봉이 이어질 경우 6단봉 익일 시초
가에 매수하라. 6일째 단봉에서 거래가 급감하면 이날 매수해도 된다. 시초가 매수
에 가담하지 못한 경우는 5분봉이나 30분봉에서 전고점을 돌파할 때는 필히 매수
하라.

전봇대 거래량 출현 뒤
주가 상승 시작하면 매수 가담하라

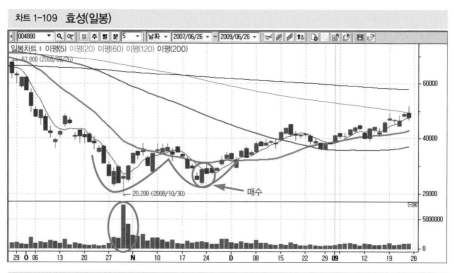

차트 1-109 효성(일봉)

차트 1-110 효성(주봉)

일봉과 주봉에서 동시에 전봇대 거래량이 출현하면 주가 움직임에 변동이 임박했다는 신호가 된다. 하지만 그 자체가 상승 시작이라는 의미는 아니므로 계속 주시하다가 양봉이 등장하면 자신 있게 매수하여 홀딩하라.

일봉상 음봉 연속 하락 후 쌍바닥 출현 시
2차 저점에서 장대양봉이 20선 상승 돌파하면 매수하라

차트 1-111 현대건설(30분봉)

차트 1-112 현대건설(일봉)

　　일봉상 음봉이 계속되며 하락하던 중 하락이 멈추고 쌍바닥이 출현하면 주시하라. 쌍바닥 2차 저점이 전저점에서 지지받고 장대양봉이 출현하며 20선을 골든크로스하면 매수하라. 분봉상으로는 완만하게 우하향하는 20선과 골든크로스하면 매수 시점이다.

일봉상 음봉 연속 하락 후
갭하락 쌍역망치 출현하면 매수하라

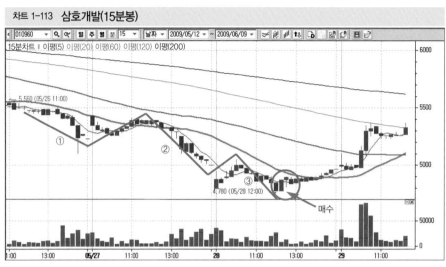

차트 1-113　삼호개발(15분봉)

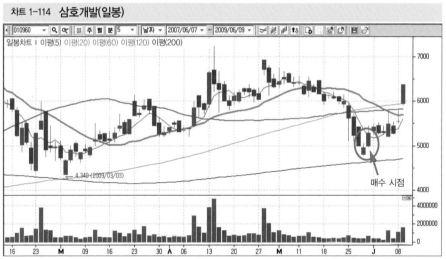

차트 1-114　삼호개발(일봉)

　　일봉상 연속 하락하다 갭하락 역망치가 출현하면 바닥이라는 뜻이다. 이때 쌍역
망치는 상승 신뢰도가 더 높은데 두 번째 역망치의 몸통이 더 크고 더 위에서 출현
하면 적극 매수하라. 5분이나 15분봉에서 20선과 골든크로스 시점 매수하라.

일봉상 음봉 연속 하락 후 갭하락 역망치 위꼬리 부분에 도지 출현 시 종가 매수하라

차트 1-115 오라바이오틱(15분봉)

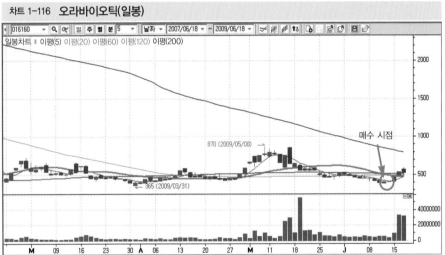

차트 1-116 오라바이오틱(일봉)

일봉상 계속 음봉으로 하락하다 갭하락 역망치가 출현하고 익일 도지가 이어지면 다음날부터 장대양봉이 출현하면서 상승할 것으로 예상되므로 매수하라. 5분봉이나 15분봉으로는 완만히 우하향 중인 20선을 골든크로스할 때 매수하라.

일봉상 음봉 연속 하락 도중 60, 200선 동시 지지되는 상승반전 패턴 출현 시 매수하라

차트 1-117 건설화학(30분봉)

차트 1-118 건설화학(일봉)

　　조정 시점에서 음봉으로 연속 하락하다가 60선과 200선의 동시 지지를 받는 역 망치와 망치형 출현 시 상승으로 돌아선다. 30분봉에서도 3차 하락 뒤 역망치형+ 망치형이 출현하면 매수하라.

1일 상승, 2일 전일 종가에서 하락, 3일째에
전일 종가에서 상승하면 초기에 매수하여 홀딩하라

차트 1-119 **자티전자(15분봉)**

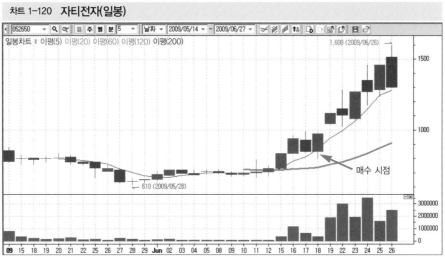

차트 1-120 **자티전자(일봉)**

첫째 날 상승하고 둘째 날 전일 종가 수준에서 시작하여 하락하며, 셋째 날 전일 종가 수준에서 시작하여 양봉으로 상승하면 미사일 패턴이 완성된다. 장대음봉 양쪽에 양봉이 위치하는 미사일 패턴 출현 시는 익일 상승한다.

1일 단음봉, 2일 장대음봉, 3일째에 오전 하락 뒤
V자 패턴 밑꼬리 출현하면 초기에 매수하라

차트 1-121   메리츠화재(15분봉)

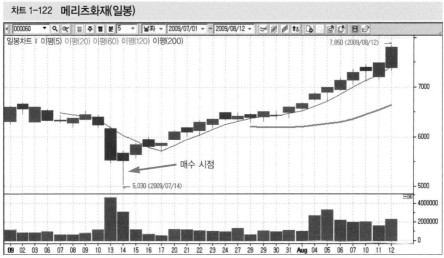

차트 1-122   메리츠화재(일봉)

첫째 날 적게 하락하고 둘째 날 크게 하락한 뒤 셋째 날 오전에 급락하면 반등이

일어난다. 급락 지점에서 밑꼬리가 출현하는 초기인 V자 패턴 출현 시 매수하여 홀

딩하면 익일도 상승한다.

1일 단음봉, 2일 장대음봉, 3일째에
시초가 하락 뒤 횡보하다 U자 패턴 출현 시 매수하라

차트 1-123 GS건설(15분봉)

차트 1-124 GS건설(일봉)

첫째 날 적게 하락하고 둘째 날 크게 하락한 뒤 셋째 날 시초가부터 급락한 후 횡
보하면 주시하라. 횡보를 거쳐 U자 패턴이 만들어지면 주가와 20선이 골든크로스
되는 지점에서 매수하라.

1일 음봉, 2일 음봉, 3일째에
시초가 하락 뒤 W자 패턴 2차 저점에서 매수하라

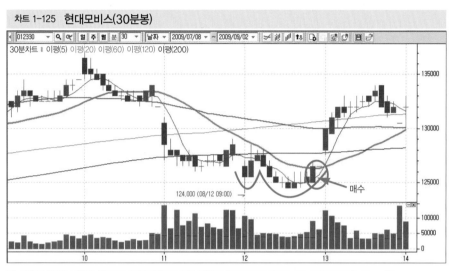

차트 1-125 현대모비스(30분봉)

차트 1-126 현대모비스(일봉)

　　첫째 날과 둘째 날 음봉이 출현한 뒤 셋째 날 오전에 하락하다 오후에 쌍바닥이
만들어지면 2차 저점 이후 주가와 20선이 골든크로스할 때 매수하라. 익일도 상승
한다.

주봉상 주가와 20, 60선 데드크로스 시점에
일봉상 20선이 장기 이평선과 데드크로스하면 초기에 매도하라

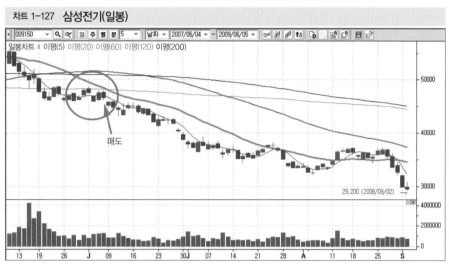

차트 1-127 삼성전기(일봉)

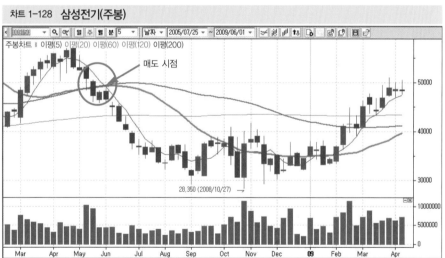

차트 1-128 삼성전기(주봉)

주봉에서 주가가 수렴된 20, 60선을 일시에 하락 돌파하는 시점에 일봉상 20선
이 우하향하기 시작하면 장기 이평선의 지지를 받기 힘들다. 고점에 이른 일봉상
20선이 60, 120, 200선을 차례로 데드크로스하면서 하락이 이어지기 쉬우므로 초
기에 매도하고 반등해도 매수하지 말라.

주봉상 주가와 20선 데드크로스 시점에
일봉상 20선이 장기 이평선과 데드크로스하면 초기에 매도하라

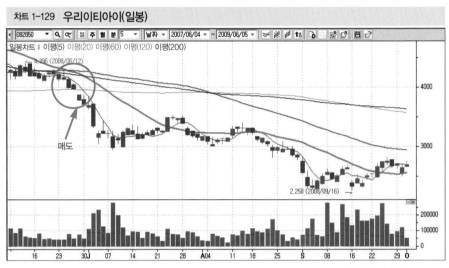

차트 1-129 **우리이티아이(일봉)**

차트 1-130 **우리이티아이(주봉)**

주봉이 상승하다 60, 120선의 저항을 받고 하락하여 20선과 데드크로스하는 시점에 우하향 일봉이 60, 120, 200선을 차례로 데드크로스할 때는 초기에 보유주 매도해야 한다. 20선과 모든 장기 이평선이 우하향하면 반등이 있더라도 매수하지 말라.

장기 이평선 첫 저항받고 반등 실패하면
다음에도 이전 저항선에 부딪혀 하락한다

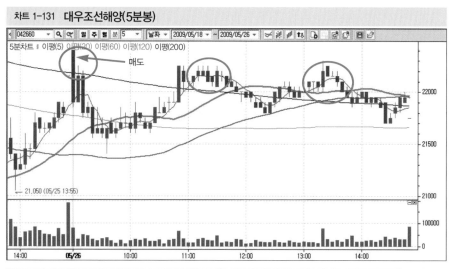

차트 1-131 대우조선해양(5분봉)

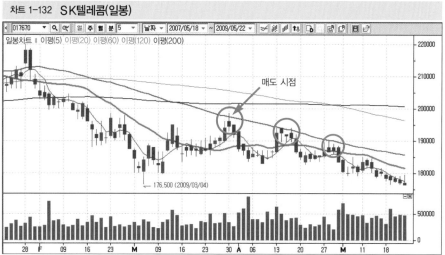

차트 1-132 SK텔레콤(일봉)

일봉과 5분봉 모두 처음 상승하다 이평선(20, 60, 120, 200)의 저항을 받고 하락한
경우에는 다음 반등 시에도 같은 저항선의 저항에 부딪힌다. 첫 번째 저항받고 음봉
출현 시 매도하고 저항선을 상승 돌파하는 장대양봉 출현 전에는 매수하지 말라.

30분봉 업종 차트에서 주가와 20선 데드크로스 뒤
보유주 주가가 60, 120선 데드크로스하면 초기에 매도하라

차트 1-133 네오위즈게임(30분봉)

차트 1-134 종합(30분봉)

종합(업종) 지수와 종목의 30분봉을 동시에 보면서 20선이 60, 120, 200선을 데드크로스하면서 우하향 시는 일시 반등해도 매수하지 말라. 약 일주일간의 추세는 30분봉으로 정확하게 파악할 수 있으므로 매매 시점은 5분봉으로 잡더라도 30분봉을 반드시 함께 봐야 한다.

03

횡보장 매수 매도 기법

핵심요약

1 횡보장에서는 전저점에서 매수하고 전고점에서 매도하라.

2 주의! 전고점에서 추격매수 하지 말고 전저점에서 추격매도 하지 말라.

3 상승하다 20선과 밀착 횡보 시는 홀딩하고, 하락하다 밀착 횡보 시는 매도하라.

4 세력이 일정한 가격을 유지시키면서 끌고 가는 장세이므로 전고점 돌파 시 매수하라.

5 하락 시마다 분할 매수하여 보유주 수량을 증가시키는 기회로 이용하라.

20, 60선이 먼저 수평 횡보하고 120, 200선이 수렴되는 횡보장세가 몇 개월에서 몇 년간 진행되면 개인 투자자들은 지루함을 참지 못하고 대부분이 주식을 처분한다. 그 상태로 장세가 돌아설 때까지 관망하면 그나마 괜찮은데 확신도 없이 다시 매수하고 매도하길 반복하면 큰 문제가 된다. 횡보장에서 빈번한 매매를 하면 수익률은 변변찮고 손실 낼 확률이 높아 투자금을 야금야금 갉아먹게 된다. 그런 상태가 지속되면 조급함이 더해져 더 잦은 매매를 하게 된다. 이러한 투자자 심리를 잘 알고 있는 세력들은 장을 수평으로 이끌면서 개인 투자자들이 다 떨어져 나갈 때까지 관리한다.

횡보장세나 박스권에서는 절대 추격매수 해서는 안 된다. 등락폭이 적기 때문에 양봉 몇 개만 보고 따라 들어갔다가는 바로 음봉을 맞게 된다. 하락 시에도 마찬가

지다. 음봉 몇 개가 이어진 다음에는 반등이 나오는데 음봉에 놀라 매도함으로써 기회를 상실하게 된다. 이런 장세에서는 단타에 익숙하지 못한 투자자의 경우 현금을 꼭 붙들고 관망하는 것이 가장 현명하며, 확실히 상승장이 시작되었다는 징후가 나타났을 때 투자를 재개하는 것이 투자금을 보존하고 키워가는 최선책이다.

대신 경험이 웬만큼 쌓인 노련한 투자자라면 횡보장이 지속될 때 전저점 매수, 전고점 매도 기법으로 수익을 낼 수 있다. 이때에도 장세 사이클상으로 무시무시한 하락장을 지나온 횡보장이라는 조건이 있어야 한다. 3차까지 하락이 마무리되지 않은 하락 도중 횡보라면 더 큰 하락이 기다리고 있기 때문이다. 대세 하락장에서는 아무리 우량주라도 고점 대비 몇 분의 1까지 떨어진다. 수십 분의 1까지 떨어지는 참혹한 주식도 부지기수다. 그런 가격 수준에서 더 이상 떨어지지 않고 장기간 횡보하는 구간은 좋은 주식만 골라 싸게 살 수 있는 아주 좋은 기회다. 이런 시기에 전저점 지지 시 매수하고 전고점 저항 시 매도하면서 자금을 늘리거나 보유 수량을 늘려나갈 수 있다면 이후 상승장에 달디단 열매를 거둘 수 있다. IMF 같은 폭락장 후에 아무도 쳐다보지 않던 싸구려 주식을 대량으로 매수하면서 기다리면 반드시 상승장이 온다는 확신을 가졌던 사람들은 꼭 1년 만에 대박을 맞이했다.

이번 장에서는 큰 수익을 내기 힘든 횡보장 안에서의 매매보다 고점대를 상향 돌파하여 상승장 초입으로 들어서는 신호에 중점을 두어 훈련하고자 한다. 전고점 이탈 시 어떤 조건이 충족되어야 상승이 지속되는지를 익혀두기 바란다.

대세 횡보장에서는 박스 돌파 시점에
매수하여 홀딩하라

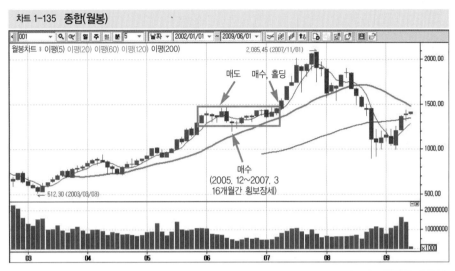

차트 1-135   종합(월봉)

차트 1-136   종합(주봉)

횡보장세에서는 등락폭이 적어서 매매를 자주 하면 손실 금액만 커진다. 코스피의 경우 2005년 12월부터 2007년 3월까지 16개월간이 횡보장이었다. 이런 시기에는 관망하다가 박스권을 돌파하는 시점에 매수 진입해야 한다.

중기 횡보장에서는 전고점에서 매도하고
전저점에서 매수하라

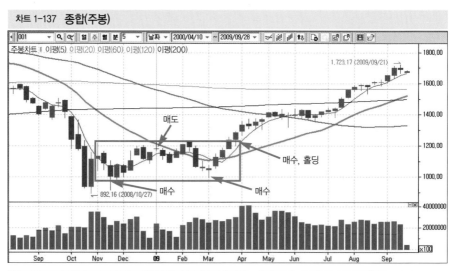

차트 1-137 종합(주봉)

차트 1-138 종합(일봉)

　　일정한 가격 구간에서 하락과 상승을 반복하는 횡보장에서는 전고점에 도달 시 매도하고 전저점에서 재매수하라. 횡보장세에서는 큰 상승을 기대하지 말고 짧은 매매를 하라. 그러다가 박스 상단을 돌파하는 양봉이 출현하면 매수하여 홀딩하라.

일봉상 장기 횡보 종목은
급등 초기 매수 가담하라

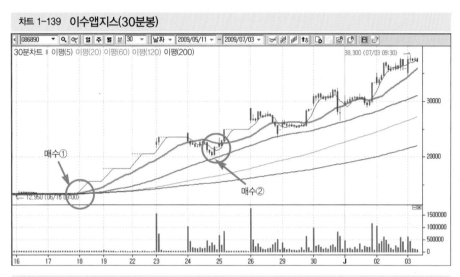

차트 1-139 이수앱지스(30분봉)

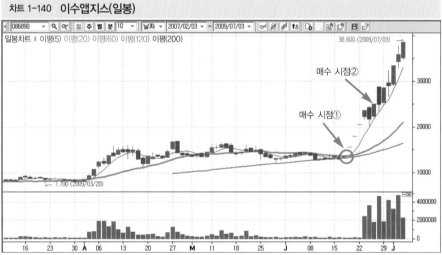

차트 1-140 이수앱지스(일봉)

　　일봉에서 3개월 이상 장기 횡보 뒤 종가가 최고가로 마감되는 날 매수하라. 갭상
한가 몇 번 출현했다고 해도 포기하지 말고 5선 지지되면 매수하여 홀딩하라. 5분
이나 30분봉에서도 장기 횡보 중 5, 20선이 우상향 시작하는 상승 초기에 매수하여
홀딩하라.

일봉상 장기 횡보하다 상승 초기
미사일 패턴 출현 시 급등한다

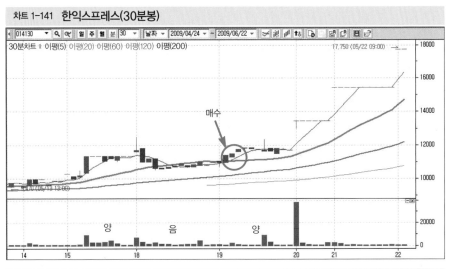

차트 1-141 한익스프레스(30분봉)

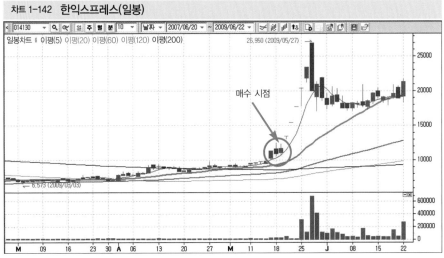

차트 1-142 한익스프레스(일봉)

　　일봉에서 장기 횡보하다 음봉 좌우에 양봉이 위치하는 미사일 패턴 출현 시 급등
을 예상하고 우측 양봉 매수하여 홀딩하라. 5분봉이나 30분봉에서 3일째 양봉의 상
승 초기에 매수하여 홀딩하라.

일봉상 장기 횡보하다 이평선 돌파하는
첫 양봉 출현 시 매수하여 홀딩하라

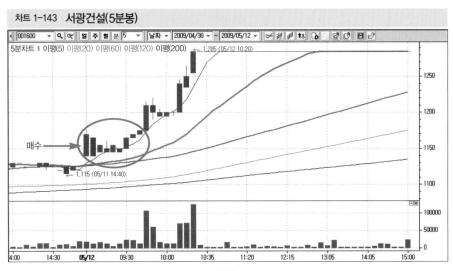

차트 1-143 서광건설(5분봉)

차트 1-144 서광건설(일봉)

　　일봉에서 몇 개월간 횡보 중 모든 이평선이 수렴되고 수렴된 이평선을 상승 돌파하는 첫 양봉은 급등 초기이므로 매수하라. 5분봉으로 주시하다가 상승하는 종목은 일봉을 재빨리 돌려보고 수개월 횡보 뒤 첫 장대양봉이면 즉시 매수하여 홀딩하라.

일봉상 장기 이평선을 중심으로 횡보하다
첫 장대양봉 출현 시 매수하여 홀딩하라

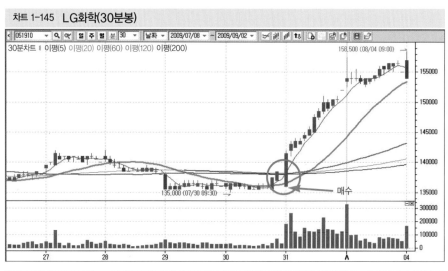

차트 1-145 LG화학(30분봉)

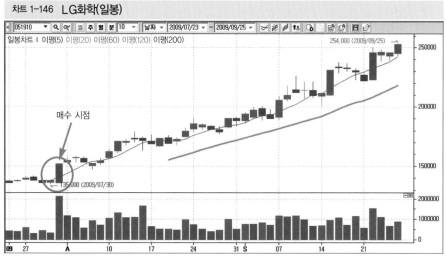

차트 1-146 LG화학(일봉)

장기 이평선을 중심으로 등락을 반복하면서 횡보 중일 때는 관망하라. 20선이 60, 120, 200선을 골든크로스하면서 우상향하고 장대양봉이 연속 출현하는 시점에서 매수, 보유하면 크게 상승한다.

일봉상 장기 횡보하다 첫 장대양봉 출현 시
시초가 120, 200선 상승 돌파하거든 매수하여 홀딩하라

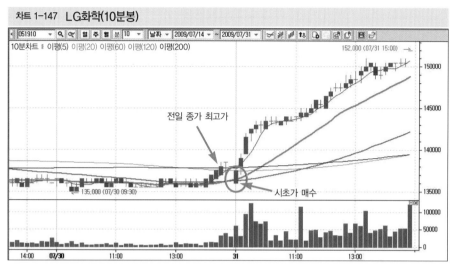

차트 1-147 LG화학(10분봉)

차트 1-148 LG화학(일봉)

　　일봉에서 주가가 20선과 밀착 횡보 시는 매매를 자제하라. 첫 장대양봉 출현 시 매수하여 주가가 20선 지지받고 상승하는 한 계속 홀딩하라. 5분이나 10분봉에서 장기 이평선을 돌파하는 상승 초기에 매수하라.

일봉상 장기 횡보하다 첫 장대양봉이
200선 저항 돌파하거든 매수하여 홀딩하라

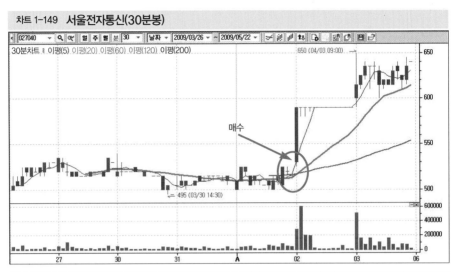

차트 1-149 서울전자통신(30분봉)

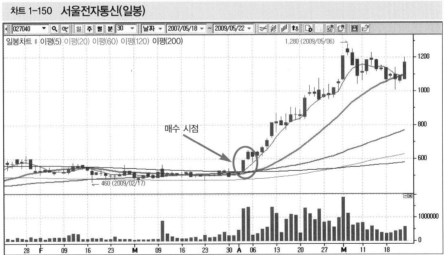

차트 1-150 서울전자통신(일봉)

일봉에서 3개월 이상 장기 횡보할 때 밑에서 120선 지지받고 위에서 200선 저항 받으면서 수평을 유지하다 장대양봉이 200선 상승 돌파하면 상승이 시작된다. 이때가 매수하여 홀딩해야 할 시점이다. 5분이나 30분봉에서 전고점 상승 돌파하는 장대양봉 매수하라.

일봉상 장기 횡보하다 모든 이평선 지지받는 장대양봉 뒤
첫 번째 갭상승 양봉 시초가 매수하여 홀딩하라

차트 1-151 티에이치엔(10분봉)

차트 1-152 티에이치엔(일봉)

일봉에서 장기간 수평 횡보 중 제반 이평선의 지지를 받고 첫 번째 상한가가 출현하면 매수하라. 이날 매수 기회를 잡지 못했다면 다음날 시초가에 첫 번째 갭상승을 붙들어 홀딩하라. 5분이나 10분봉에서 장기횡보 중 첫 갭상승 시 매수, 홀딩하라.

일봉상 단봉 횡보 후 완만한 상승 중
장대양봉 출현 시 매수하여 홀딩하라

차트 1-153 삼성전기우(30분봉)

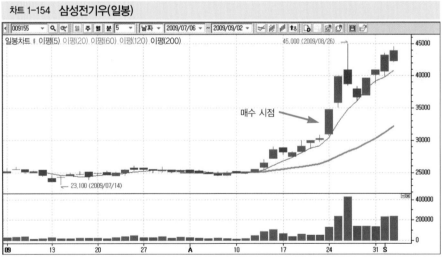

차트 1-154 삼성전기우(일봉)

　　필자가 이 책에서 이야기하는 상승 각도는 위와 같은 차트 환경설정을 기준으로

한다. 구간①의 경우가 40° 이하 완만한 상승이고, 구간②가 60° 이상 가파른 상승

에 해당한다. 완만한 상승 구간에서는 수익 내기가 어려우므로 장대양봉 출현하면

서 가파르게 상승하는 초기에 매수하여 홀딩하라.

일봉상 하락 후 단봉 횡보 중
첫 장대양봉 매수하라

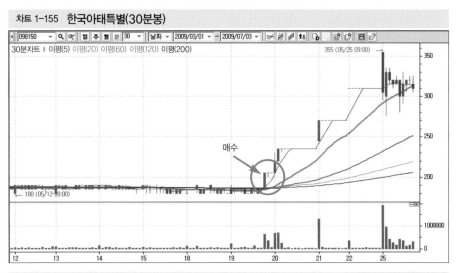

차트 1-155 한국아태특별(30분봉)

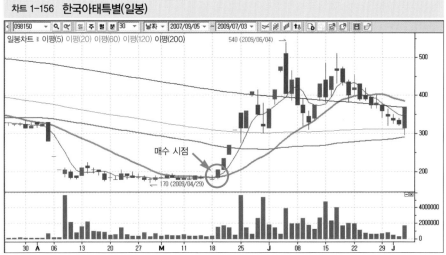

차트 1-156 한국아태특별(일봉)

　　일봉에서 일정 기간 동안 지지하던 가격선에서 하락한 뒤 단봉 횡보가 이어지면

주시하라. 장기간 단봉 횡보 후 첫 장대양봉 출현 시 매수하여 홀딩하라. 30분봉에

서도 단봉 횡보 중 첫 장대양봉 출현 시 매수하라.

일봉상 장기 횡보하다 수렴된 20, 60선을 상승 돌파하는
장대양봉 출현 시 매수하여 홀딩하라

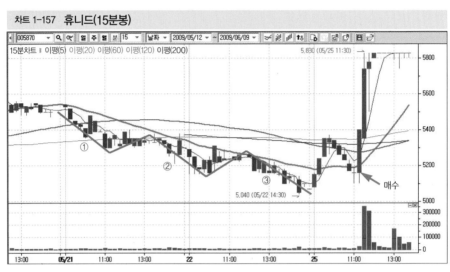

차트 1-157 휴니드(15분봉)

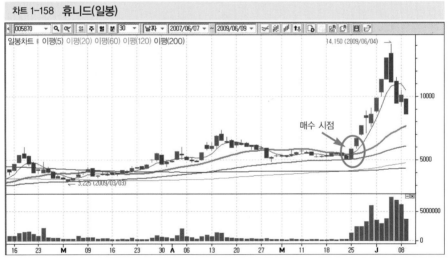

차트 1-158 휴니드(일봉)

    일봉에서 장기 횡보 중 한곳에 모인 20, 60선을 일시에 상승 돌파하는 장대양봉
이 출현하면 매수하라. 5분봉이나 15분봉에서는 3차 하락 후 쌍바닥이 만들어진 뒤
모든 이평선을 일시에 돌파하는 장대양봉 출현 시 매수하여 홀딩하라.

일봉상 장기 횡보하다 200선과 전고점을
동시에 돌파하는 장대양봉 매수하라

차트 1-159 케이디씨(30분봉)

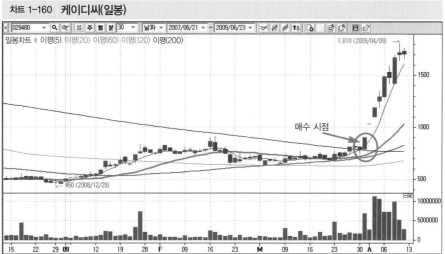

차트 1-160 케이디씨(일봉)

일봉에서 장기 횡보하다 전고점과 200선을 상승 돌파하는 장대양봉 출현 시 매수하고, 갭상승 출현하면 계속 홀딩하라. 5분이나 30분봉에서 전고점 상승 돌파 시점에 매수하라.

일봉상 장기 횡보하다 쌍역망치 출현 시 매수하라

차트 1-161 **큐렉소(30분봉)**

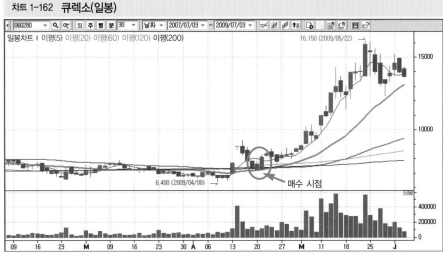

차트 1-162 **큐렉소(일봉)**

일봉에서 쌍역망치 출현 시 상승을 예상할 수 있으므로 매수하여 홀딩하라. 2차 매수 적기는 직전 고점을 상승 돌파할 때다. 30분봉에서 쌍바닥 2차 저점이 20선 지지받으면 매수하라.

일봉상 장기 횡보하다 20선 지지받는
역망치+도지 출현 시 매수하라

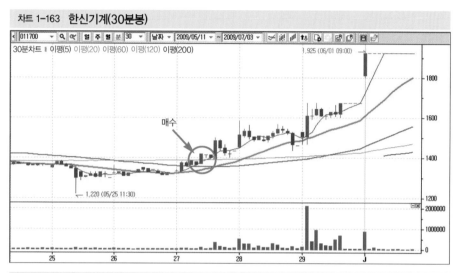

차트 1-163 한신기계(30분봉)

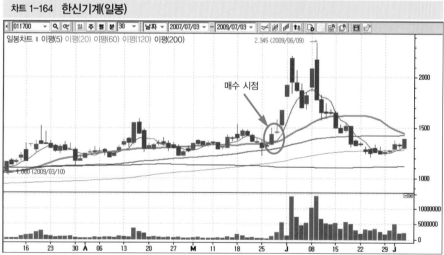

차트 1-164 한신기계(일봉)

일봉에서 수개월 횡보 중 20선 지지받는 역망치+도지 출현은 상승이 예상된다.

30분봉에서 120선을 돌파하는 양봉 매수하라.

일봉상 장기 횡보하는 음봉 밀집 구간에서
장대음봉 밑꼬리 출현 시 매수하라

차트 1-165 대덕GDS(30분봉)

차트 1-166 대덕GDS(일봉)

　　세력들은 주가를 장기 횡보시키다가 음봉을 연속 출현시킨 후 마지막에 장대음봉으로 개미투자자들을 몰아내는 방식으로 종목관리를 한다. 이후 단양봉으로 매수를 이어가다 장대양봉으로 본격 상승시킨다. 30분봉에서 마지막 음봉 밑꼬리가 최적 매수 시점이다.

일봉상 장기 횡보하다 20선 지지받는
양음양 출현 시 매수하라

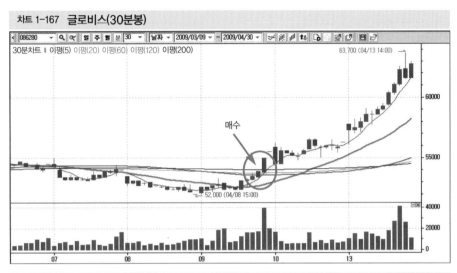

차트 1-167 글로비스(30분봉)

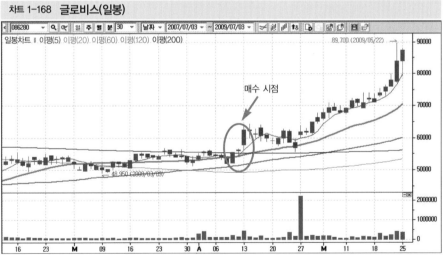

차트 1-168 글로비스(일봉)

    일봉에서 장기 횡보 중 20선과 200선 수렴 시점에서 위꼬리 없는 장대양봉이 20

선 지지받고 출현 시 매수하라. 익일 단봉과 장대양봉이 연속 출현 시 홀딩하라. 30

분봉에서는 60, 120, 200선을 돌파하는 장대양봉 매수하라.

일봉상 장기 횡보하다 120선 지지받는
상승반전 패턴 출현 시 매수하라

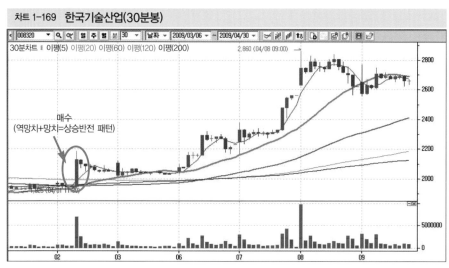

차트 1-169 한국기술산업(30분봉)

매수
(역망치+망치=상승반전 패턴)

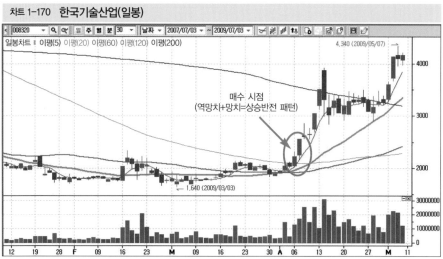

차트 1-170 한국기술산업(일봉)

매수 시점
(역망치+망치=상승반전 패턴)

일봉에서 장기 횡보 중에 20, 60선 수렴 시점에서 120선 지지받는 역망치+망치형 출현하면 매수하여 홀딩하라. 30분봉에서 모든 이평선을 상승 돌파하는 첫 장대양봉 매수하고 상승반전 패턴 출현하면서 상승 시 홀딩하라.

일봉상 장기 횡보하다 20선 지지받고 60, 120선 상승 돌파하는 상승반전 패턴 출현 시 매수하라

차트 1-171 LS네트웍스(15분봉)

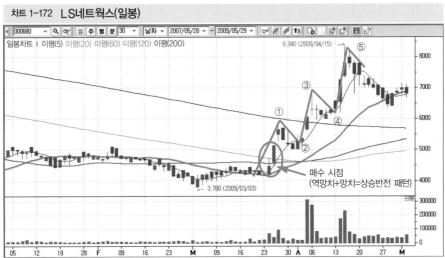

차트 1-172 LS네트웍스(일봉)

저점에서 횡보 중 상승반전 패턴 출현하면서 20, 60, 120선을 상승 돌파 시 매수, 홀딩하라. 분봉으로 전고점 돌파 시점에 매수하라.

일봉상 장기 횡보 중 상한가 뒤
단봉 3개 출현 시 거래 급감일에 매수하라

차트 1-173   계양전기(30분봉)

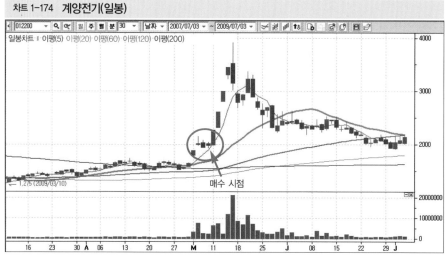

차트 1-174   계양전기(일봉)

일봉에서 장기 횡보하다 상한가 출현 뒤 단봉 3개가 이어질 경우 거래 급감 시점에서 매수하면 익일 상승한다. 또는 3단봉 익일 시초가 장대양봉에 매수해도 수익을 낼 수 있다.

일봉상 장기 횡보 중
쌍봉 돌파 장대양봉 매수하라

차트 1-175 풍강(60분봉)

차트 1-176 풍강(일봉)

일봉에서 2개월 정도의 간격으로 출현한 쌍봉을 장대양봉으로 돌파 시 매수, 홀딩하라. 60분봉으로도 쌍봉 돌파 시점을 확인할 수 있다.

일봉상 200선 저항으로 번번이 상승 실패하다가
200선과 전고점 돌파하는 장대양봉 출현 시 매수하라

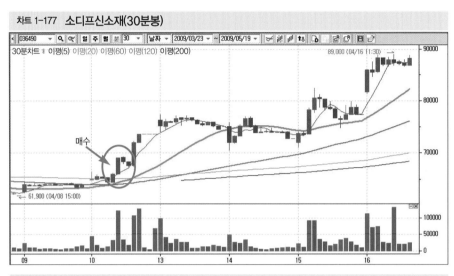

차트 1-177　소디프신소재(30분봉)

차트 1-178　소디프신소재(일봉)

　일봉에서 여러 번의 상승 시도가 200선 저항으로 무산될 때는 섣불리 매수하지 말라. 지긋이 주시하다가 200선을 뛰어넘어 전고점까지 일시에 돌파하는 장대양봉이 출현하면 적극 매수하라. 5분이나 30분봉에서 200선 돌파 양봉 출현 시 매수하라.

박스권에서 고점 돌파 뒤 되밀려 눌림목을 형성할 때
전고점 지지 여부 확인하고 상승 시 매수하라

차트 1-179 삼성전기(30분봉)

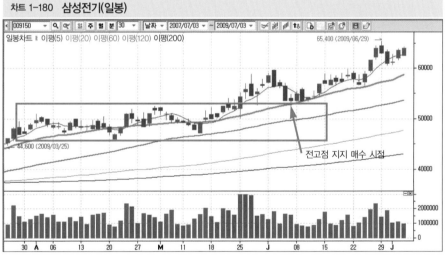

차트 1-180 삼성전기(일봉)

일봉에서 장기간 박스권을 유지하다 박스권 상단을 상승 돌파한 종목이 되밀려 눌림목을 형성하는 경우가 많다. 이때는 이전 박스권 고점에서 지지를 받는지 확인하는 것이 중요하다. 지지 후 상승 시 매수 가담한다. 30분봉을 보며 박스권 고점에서 지지받고 상승하는 초기에 매수하면 된다.

일봉 전고점 가격대에서
20, 200선 지지받는 장대양봉 매수하라

차트 1-181 외환은행(30분봉)

차트 1-182 외환은행(일봉)

일봉상 전고점 가격 수준에서 지지받으면서 20선과 200선을 동시에 돌파하는 장대양봉 출현 시 상승을 예상하고 매수하라. 5분봉이나 30분봉에서 시초가 갭하락 장대양봉이 매수 시점이다.

일봉상 200선 저항받고 고점이 상승하지 못하는
박스권에서는 추격매수 하지 말라

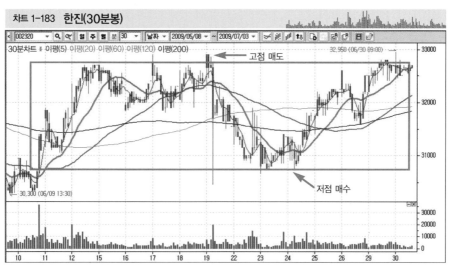

차트 1-183 한진(30분봉)

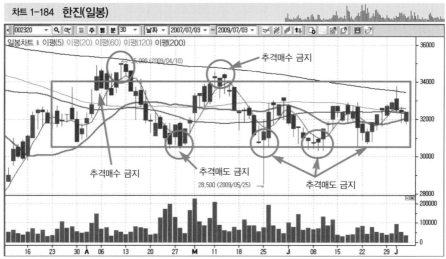

차트 1-184 한진(일봉)

　　일봉에서 200선 저항받고 상승하지 못하고 박스권이 계속되면, 첫째 추격매수
하지 말고 저점에서 추격매도 하지 말라. 30분봉을 보면서 전저점에서 매수하고
200선 저항받는 전고점에서 매도하라.

04

실전 최적 매수 패턴 22선

핵심요약

1 주봉상 1파 상승 중이고 월봉상 1, 3, 5파 상승 초기주(2, 4파 조정 직후)
2 신고가 계속 갱신하면서 직전 고점 돌파한 상승 행진주
3 20선이 60, 120, 200선 골든크로스한 뒤 우상향 시작주
4 V, W, U, ∪ (둥근바닥), ⌐ (반전 니은) 패턴 만드는 우상향 초기주
5 위꼬리 없는 종가 최고가로서 우상향 20, 60선 지지받는 종목

종목을 선택할 때 필히 주봉, 월봉을 같이 점검해야 한다. 주봉 5파 근접 시점이 월봉상 고점이므로 이런 종목은 매수 대상에서 제외시키고 주봉 1파 상승 초기 종목, 특히 월봉 1파 상승 초기 종목을 선택해야 매수 후 상승이 지속된다. 종목을 선택했다면 매매 시점은 일봉과 분봉으로 잡는다.

장이 끝난 후에는 매일 한 번씩 코스피와 업종 차트를 점검하여 상승 업종 순위가 유지되는지 확인하라. 상승 업종 1~3위 내에서 거래 급증하면서 장대양봉 출현 종목 1~10번까지 선택하여 매일 관심 종목 순위를 교체하라. 매수 대상은 항시 관심 종목 리스트에서 찾아야 하며 수시로 출현하는 급등 종목을 추격매수 하면 백전백패한다.

종목의 주봉이나 월봉 점검 시 차트가 애매할 때는 코스피와 업종 차트를 참고하

여 결정하라. 20, 60선이 우상향 중이고 거래량이 시간당 3만 주 이상이어야 하며, 가격조정과 기간조정을 거친 상승 초기 종목을 매수 대상으로 하라. 20선이 60, 120, 200선을 골든크로스하면서 우상향 시작하는 종목이 좋은 매수 대상이며 장기간 상승할 수 있는 종목이다. 기관과 외국인이 매수를 늘려가는 종목에서 상승이 지속되고 개인이 많이 보유한 종목은 힘이 없어 상승하기 힘들다.

다음과 같은 종목은 절대 매수해선 안 된다.

① 일봉 2차 5파 고점, 주봉 5파 고점, 월봉 1파 고점에 동시 근접하는 종목

② 일봉상 주가와 20선 이격이 10% 이상 급등 중인 종목

③ 20선이 60, 120, 200선을 데드크로스한 뒤 우하향 중인 역배열 종목

④ 개인이 매수량을 늘리고 있거나 많이 보유 중인 종목

⑤ 급등락 심한 코스닥 소형주

일봉 우하향 중 1일 단음봉, 2일 장대음봉
3일째에 밑꼬리 출현 시 초기에 매수하라

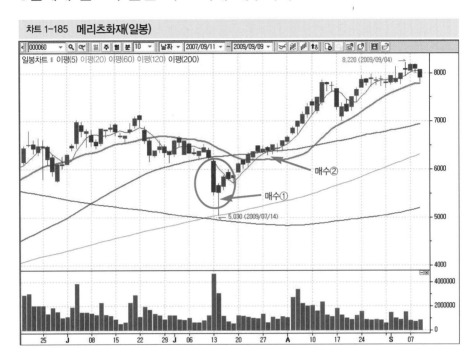

차트 1-185 메리츠화재(일봉)

V자 패턴 음봉 연속 하락 중 첫째 날 단음봉, 둘째 날 장대음봉이 출현하면 셋째 날을 주시하라. 오전에 하락했다가 오후부터 반등하면서 밑꼬리가 지지선 지지받으면 1차 매수하라. 긴 밑꼬리는 매도세보다 매수세가 더 강하다는 의미이므로 이후 상승을 기대할 수 있다. 이후 양봉이 우상향 5선 지지받으며 20, 60선과 골든크로스하면 2차 매수 적기다.

연속 음봉 출현 중
긴 밑꼬리+장대양봉 매수하라

차트 1-186 **코리안리(주봉)**

V자 패턴   연속 음봉 출현 저점에서 긴 밑꼬리 출현 시는 매수세가 더 크게 작용하기 시작하는 시점이므로 매수하라. 첫째 날 단음봉, 둘째 날 장대음봉 출현 시는 셋째 날에 긴 밑꼬리에서 매수하라.

쌍바닥 2차 저점이 우상향 20선 지지받으면 매수하고
20선이 장기 이평선 골든크로스 뒤 우상향 시 홀딩하라

차트 1-187 삼성SDI(주봉)

전저점 지지 1차 매수

200선 골든크로스 2차 매수

52,200 (2008/12/08)

164,500 (2009/08/31)

W자 패턴 쌍바닥 2차 저점이 우상향 20선에 지지되거든 즉시 매수하라. 주가가

120, 60, 200선을 차례로 골든크로스하며 20선이 120, 60, 200선을 골든크로스한

뒤 우상향 시 계속 홀딩하라.

3차 하락 뒤 쌍바닥 출현 시
2차 저점이 우상향 20선에 지지되거든 매수하라

차트 1-188 **동국제강(일봉)**

W자 패턴 일봉에서 3차까지 하락하면 충분한 가격조정이 이뤄진 상태이며 쌍바

닥은 기간조정 구간이 된다. 쌍바닥 2차 저점 이후 양봉이 출현하면서 우상향 시작

하는 20선에 지지되면 매수하라.

U자 패턴은 충분한 가격조정과 기간조정을 거쳤다는 의미이므로
20선과 골든크로스하는 초기에 매수하라

차트 1-189 외환은행(주봉)

U자 패턴 장대음봉이 연속 출현하면서 가격조정이 충분히 되었고 단봉 횡보를

하면서 기간조정을 충분히 거쳤으므로 주가가 20선과 골든크로스하는 초기에 매

수하라.

하락 후 단봉 횡보 중 장대양봉이 출현하면서
60, 120선과 골든크로스 시점 매수하라

차트 1-190 트라이(일봉)

U자 패턴 음봉 연속 하락 후 단봉이 1개월 이상 횡보하면 계속 주시하라. 장대양

봉이 출현하면서 장기 이평선과 골든크로스한 후 상승하거든 매수하여 홀딩하라.

U자 패턴은 가격조정과 기간조정을 충분히 거쳤으므로 매수해도 된다.

⌣ (둥근바닥) 패턴 출현하면서
주가와 20선 골든크로스 시 매수하라

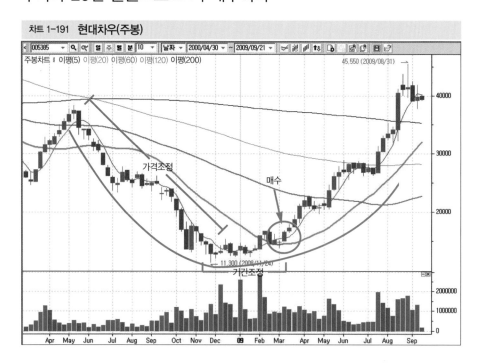

차트 1-191 **현대차우(주봉)**

⌣(둥근바닥) 패턴은 충분한 가격조정과 기간조정(저점에서 단봉 횡보)을 거쳐 완성된다. 바닥에서 둥글게 올라오다 주가와 20선이 골든크로스하는 시점에 매수하면 상승한다.

∪ (둥근바닥) 패턴 출현 시
20선과 골든크로스하는 초기에 매수하라

차트 1-192 LG(주봉)

가격조정

33,750 (2008/10/27)
기간조정

20선과 골든크로스 매수

∪ (둥근바닥) 패턴   3차 하락하면서 20선이 우하향을 멈추고 우상향으로 돌아서

는 시점에 주가가 20선과 골든크로스할 때 매수하여 홀딩하라.

N자 상승 중 조정 시점에서 주가와 20선 수렴 뒤
우상향 5선 타는 양봉 매수하여 홀딩하라

차트 1-193 **현대미포조선(일봉)**

N자 상승 패턴 N자 상승 종목은 주가와 20선이 만난 후 5선이 우상향하면서 5선을 타고 출현하는 양봉을 매수한다. 한번 매수한 다음에는 우상향 5선이 지지되는한 음봉이든 양봉이든 계속 홀딩하라.

1차 상승 뒤 눌림목에서 20선 지지받고 출현하는
첫 장대양봉 매수하라

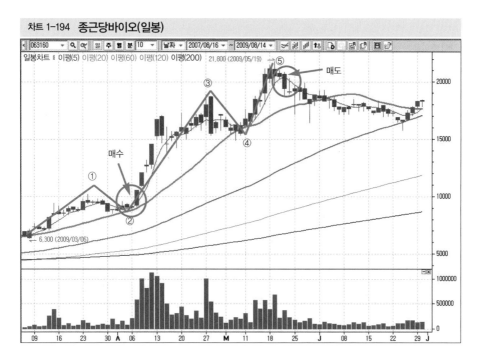

차트 1-194 종근당바이오(일봉)

N자 상승 패턴 20, 60선이 우상향으로 돌아선 뒤 주가는 20선 지지받으면서 상승한다. 이러한 N자 상승 패턴의 매수 시점은 주가와 20선 수렴 후 5선이 우상향하며 이격을 확대하기 시작하는 초기 시점이다. 특히 1차 상승 뒤 눌림목이 매수 적기다.

3개월 이상 수평 횡보 뒤 주가와 20선 이격 확대되면서 미사일 패턴 출현 시 매수하라

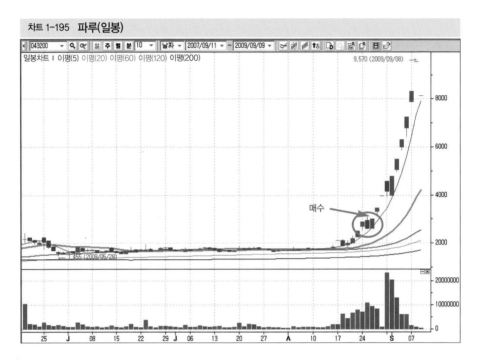

차트 1-195 파루(일봉)

미사일 패턴 3개월 이상 장기 횡보 뒤 주가가 20선과 이격을 확대하는 초기에 미사일 패턴이 출현하면 상승하므로 매수하여 홀딩하라. 20선과 이격을 키워가는 우상향 5선에 지지받으면 음봉 출현해도 계속 홀딩하라.

장기 횡보 뒤 첫 장대양봉이 최고가로 마감될 때 매수하여 홀딩하라

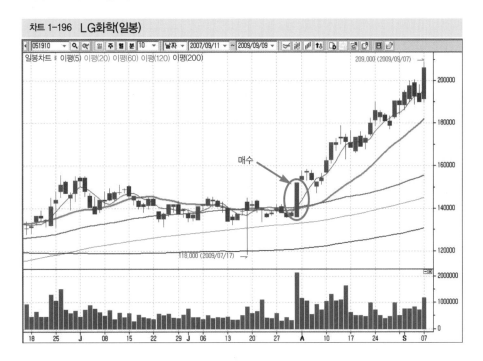

차트 1-196 LG화학(일봉)

__(반전 니은) 패턴 장기 횡보 중에 첫 장대양봉 출현 시 5분봉으로 종가가 최고가 치면 매수하여 홀딩하라. 장기 횡보하면서 충분한 기간조정을 거쳤으므로 이후 하락보다는 상승 확률이 높다.

장기 횡보하다 거래 급증 동반한 첫 장대양봉이
전고점 돌파 시 매수하라

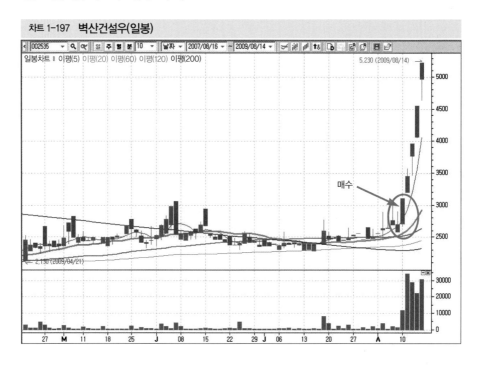

차트 1-197 벽산건설우(일봉)

__」(반전 니은) 패턴 장기 수평 횡보 중에 이평선이 수렴되고 첫 장대양봉이 출현하면 5분봉으로 주시하다 종가가 최고가로 마감되는지 확인한다. 고가에서 밀리지 않을 경우 2시 48분에 매수하여 5선 지지되면 계속 홀딩하라.

3차 하락 후 1차 상승 뒤 눌림목에서
우상향 20선 지지되면 매수하라

차트 1-198 삼성엔지니어(주봉)

3차 하락 뒤 3차 상승 패턴   3차 하락으로 가격조정이 마무리 단계에 접어들면 양봉이 출현하기 시작한다. 양봉으로 1차 상승하다 되밀리는 눌림목에서 우상향 20선 지지받고 2차 상승이 시작되는 초기에 매수하라. 우상향 5선을 우상향 20선이 지지하는 한 계속 홀딩하라.

단양봉 밀집 뒤 첫 장대양봉 매수하고
우상향 5선 지지 시 계속 홀딩하라

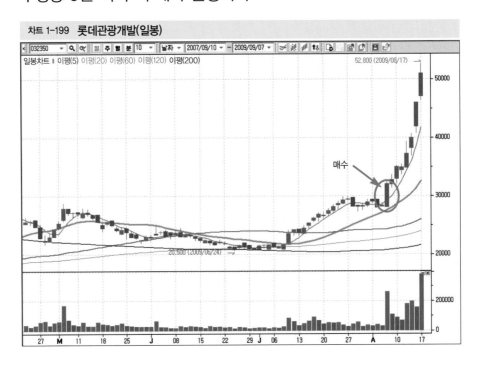

차트 1-199 **롯데관광개발(일봉)**

1차 완만한 상승 뒤 급등 패턴 횡보 중 단양봉이 밀집하는 것은 세력이 매수를 시작했다는 증거이며 매집이 끝나는 시점에서 장대양봉과 함께 급등이 시작되므로 첫 장대양봉에 주목해야 한다. 상승 각도가 완만한 단봉 횡보 시는 주시만 하고 가파르게 상승하는 초기 장대양봉을 매수하라.

단봉으로 완만하게 상승 시 주시하다
장대양봉으로 가파른 상승 시작하는 초기에 매수하라

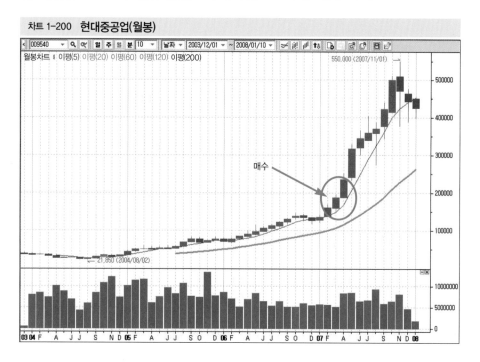

차트 1-200 **현대중공업(월봉)**

1차 완만한 상승 뒤 급등 패턴 차트를 보면 2005년과 2006년 2년간은 완만하게 상승하다 2007년 초부터 장대양봉이 출현하면서 가파르게 상승하기 시작한다. 우상향 5선 지지되면 계속 홀딩해야지 중간에 많이 상승했다고 미리 매도하면 큰 수익을 얻을 수가 없다. 상승 초기 단봉 출현은 매물 소화 기간이며 매물이 소화되면 급등이 시작된다. 대세 판단은 월봉으로 해야 확실하게 알 수 있다.

1차 상승 시의 고점을 상승 돌파하는
장대양봉 매수하라

차트 1-201 SK네트웍스우(일봉)

전고점 돌파 상승 패턴 장기 수평 횡보하다 1차 상승 뒤 조정을 받는 중에 전고점

을 상승 돌파하는 장대양봉 출현하면 적극 매수하라. 5선 지지되면 계속 홀딩하라.

신고가 계속 갱신 종목을
전고점 돌파 시점에 매수하라

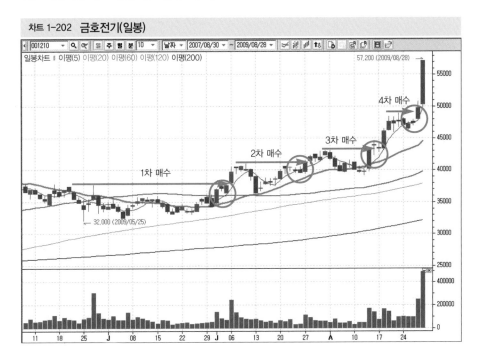

차트 1-202 금호전기(일봉)

계속 신고가 갱신 패턴   전고점을 1차, 2차, 3차 차례로 상승 돌파 시 매수하여 홀

딩하라. 전고점을 상승 돌파한다는 것은 전고점 매물을 소화하면서 상승하는 힘이

더 강하다는 의미이므로 상승 돌파하는 장대양봉 매수하라.

전고점 계속 갱신하면서
상승하는 종목 매수하라

차트 1-203 신화인터텍(주봉)

계속 신고가 갱신 패턴 장기 횡보하다 주가가 20선과 이격을 키우면서 120, 200

선을 차례로 골든크로스하고, 20선이 60, 120, 200선을 골든크로스하며 우상향하

는 초기에 매수하라. 그리고 우상향 5선 지지되는 한 음봉이고 양봉이고 간에 홀딩

하라.

완만한 상승 뒤
급등 초기 장대음봉은 매수 기회다

차트 1-204   제일바이오(일봉)

매수

상승 초기 장대음봉은 매수 기회다   완만한 상승을 계속하다 급등이 시작되었는데

장대음봉이 출현하거든 보유주 매도하지 말고 오히려 매수 기회로 이용하라.

완만한 단봉 상승 뒤 장대양봉 연속 출현하면
음봉이라도 초기에 매수하라

차트 1-205 **중앙바이오텍(일봉)**

급등 초기 음봉은 매수 기회다 1차 완만한 상승 뒤 2차 장대양봉이 연속되는 급상 승 초기에는 음봉이나 도지 출현 시 매수 기회다. 거래 없는 단양봉으로 상승하다 거래 급증하면서 장대양봉이 출현하면 초기에 매수하라.

20선 지지받는 장대양봉 뒤 단봉이
장대양봉 상단에 출현하면 홀딩하라

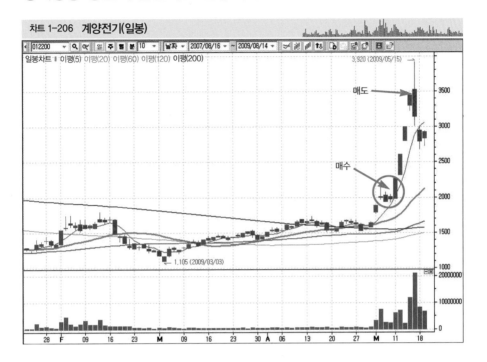

차트 1-206 계양전기(일봉)

장대양봉+단음봉 → 상승   장기 횡보 중 장기 이평선이 수렴되면서 첫 번째 갭상승 양봉이 출현하고 단봉이 이어지는데, 그 단봉이 장대양봉의 상단에 지지되며 거래량이 급감하면 매수하라. 익일부터 상승하는데 5선 지지되면 계속 홀딩하라.

제2부 데이 트레이딩
– 중요 시간대별

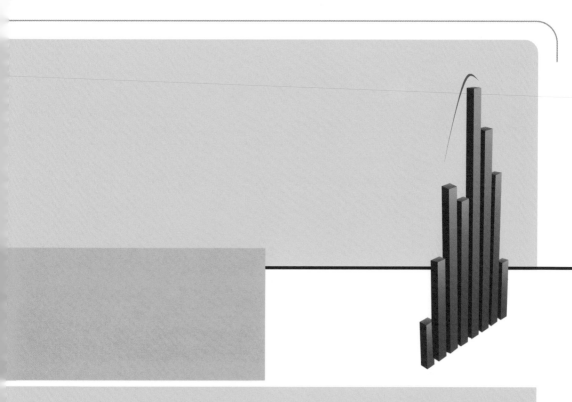

시초가 매매 1 종일 상승 예상되는 시초가 패턴

핵심요약

1 5분봉상 종목 차트가 코스피나 업종 차트와 같이 시초가에 20선이 60, 120, 200선 골든크로스 뒤 우상향 시 종일 상승한다.

2 5분봉상 종목 차트가 코스피나 업종 차트와 같이 전일부터 이평선이 정배열되고 일정한 간격 유지하며 우상향 시 종일 상승한다.

3 5분봉상 종목 차트가 코스피나 업종 차트와 같이 전고점 돌파 시와 전고점 지지하고 20선 우상향 시 종일 상승한다.

4 5분봉상 종목 차트가 코스피나 업종 차트와 같이 시초가 갭하락 시점에서 장대양봉, 긴 밑꼬리, 역망치 출현 뒤 20선 우상향 시 종일 상승한다.

5 5분봉상 종목 차트가 코스피나 업종 차트와 같이 N자 1~5파 상승 진행 시 20, 60선 우상향하면 종일 상승한다.

시초가 매매는 미국 지수나 밤사이 발생한 개별 종목의 호재와 악재에 큰 영향을 받는다. 시가를 결정하는 것은 개인 투자자들의 힘이 아니다. 대량으로 지분을 보유하고 있는 이들 또는 대량 매수가 가능한 세력들의 의지에 따라 결정된다. 그 와중에 개인 투자자로서 거래에 참여하여 수익을 내기 위해서는 더욱 특별한 주의가 요구된다.

종일 상승 예상되는 대표적인 패턴은 ① 우상향 20, 60선 지지받으면서 N자 1~5파 상승 ② 갭하락 장대양봉, 긴 밑꼬리, 도지, 역망치, 상승반전 패턴 출현 뒤 주가와 20선 골든크로스 ③ 시초가 하락 뒤 쌍바닥 출현 ④ 전고점 상승 돌파와 전고점에서 지지 등이 있다. 특히 5분봉상 시초가 전에 장기 이평선이 정배열된 상태에서 출발하면서 20선이 60, 120, 200선을 일시에 골든크로스할 때가 매수 시점이며, 20

선과 60선이 우상향하면서 주가를 지지해주는 동안은 계속 홀딩한다.

이들 패턴이 코스피나 업종 차트에서 동시에 출현하면 상승 확률이 더 높아진다. 시초가에 코스피와 업종 차트가 종목 차트에서와 같이 종일 상승 패턴을 보이면 상승 첫 양봉을 매수해야 하며 만약 수직 급등 시는 눌림목에서 매수하라. 시초가뿐 아니라 장중에도 코스피와 업종에서 차트 신호가 동시에 나타난다면 신뢰도가 더 높으므로 지수 차트를 반드시 함께 보는 습관을 들여야 한다.

또한 장 시작 전이나 장중에 미국 다우 지수나 나스닥 지수를 비롯하여 동남아시아, 특히 중국 상해 지수와 일본 니케이 지수의 움직임을 주시해야 한다. 다른 나라의 지수들이 특별한 양상을 보이거나 악재나 호재가 발생할 경우 관련 종목의 동향을 파악하여 신속하게 대응해야 한다. 시초가 매수 후 N자 상승이 진행되면서 주가가 우상향하는 20, 60선에 지지되고 있다면 장중에 일시 5선 깨는 음봉이 출현하더라도 조급하게 매도하지 말라. 상승 초기에는 5선이 꺾이지 않고 재상승할 확률이 높다.

이번 장에서는 지수 차트와 종목 차트를 함께 보거나 더 긴 시간 단위의 종목 차트를 함께 보면서 이후 추세를 예상하고, 시초가 매수 후 보유 또는 매도의 결정을 내리는 방법에 대해 배우도록 하자.

시초가 첫 장대양봉이
수직 상승하는 5선 지지받으면 매수하라

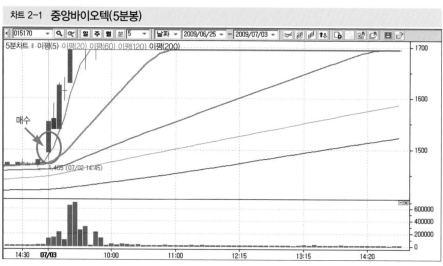

차트 2-1 중앙바이오텍(5분봉)

차트 2-2 중앙바이오텍(30분봉)

시초가 갭상승 장대양봉이 수직 상승하는 5선의 지지를 받으면 매수하라. 장대양봉 몸통 상단에 음봉 출현하거든 홀딩하라. 30분봉에서 전날 20, 60선이 골든크로스한 뒤 우상향하므로 당일 상승을 예상할 수 있다.

시초가부터 우상향 5선 지지받고
20선과 일정한 간격 유지하며 상승하면 홀딩하라

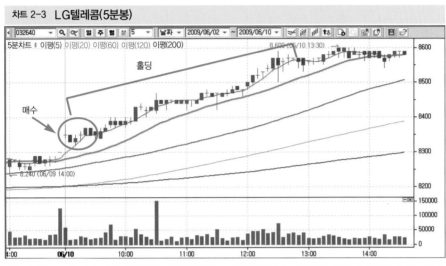

차트 2-3 LG텔레콤(5분봉)

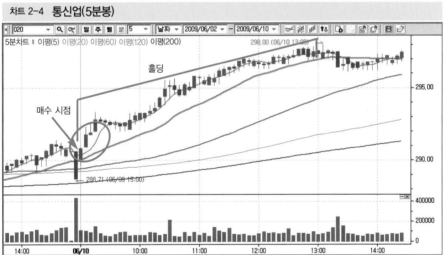

차트 2-4 통신업(5분봉)

업종과 종목 차트를 함께 보면서 움직임이 같은지를 확인하라. 시초가부터 우상향 5선의 지지를 받고 20선과 일정한 이격을 유지하면서 상승하고 있다면 초기에 매수하여 우상향하는 동안 홀딩하라.

시초가 장대양봉이 수렴된 모든 이평선 상승 돌파 시 매수하라

차트 2-5 한국경제TV(5분)

차트 2-6 한국경제TV(30분봉)

시초가 갭하락 뒤 장대양봉이 출현하며 수렴된 제반 이평선을 상승 돌파하거든 적극 매수하라. 30분봉에서 5일간 횡보 뒤 우상향 20선이 60, 120선을 골든크로스 하므로 상승이 예상된다.

시초가에 20, 60선 골든크로스 및
120, 200선 골든크로스 초기에 매수하여 홀딩하라

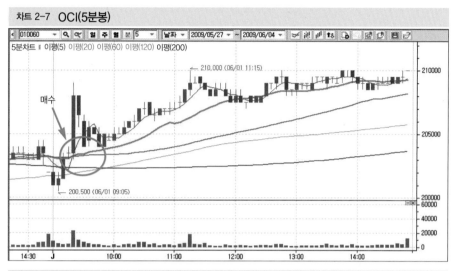

차트 2-7 OCI(5분봉)

차트 2-8 종합(5분봉)

　시초가에 제반 이평선들의 골든크로스는 상승의 신호다. 20선이 60선과 골든크로스하면서 우상향하고 120선이 200선을 골든크로스하면서 우상향하면 초기에 매수, 홀딩하라. 음봉 역망치 뒤 양봉 도지 출현도 매수 기회라는 신호다.

시초가에 20선이 장기 이평선을 일시에 골든크로스하면
초기에 매수하고 우상향 20선 지지되면 홀딩하라

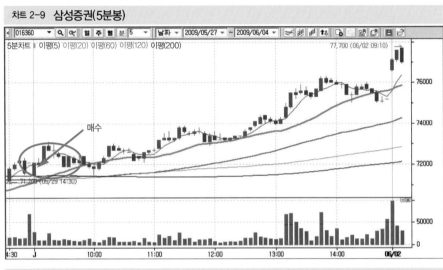

차트 2-9 삼성증권(5분봉)

차트 2-10 증권(5분봉)

종목과 업종 차트에서 시초가에 20선이 수렴된 제반 이평선을 골든크로스하면서 우상향하고, 60선과 200선, 120선과 200선의 골든크로스가 차례로 발생하면서 우상향하면 초기에 매수하여 홀딩하라.

시초가 갭하락 후 양봉이 출현하면
초기에 매수하여 홀딩하라

차트 2-11 **금호전기(5분봉)**

매수(시초가 갭하락 후 양봉 상승)

차트 2-12 **금호전기(일봉)**

매수 시점
(갭하락 양봉)

일봉상 시초가 갭하락 시점에서 양봉으로 상승하기 시작하면 5분봉으로 돌려보며 첫 장대양봉을 매수하라. 이때 분봉이 이평선의 지지를 받으면 상승 확률이 더 높아진다.

시초가 갭하락 후 장대양봉 연속 출현하면
초기에 매수하라

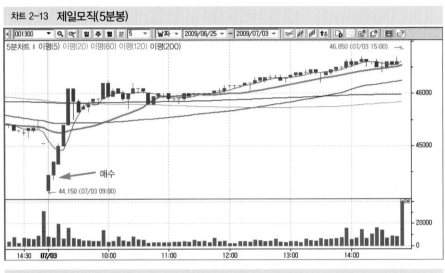

차트 2-13   제일모직(5분봉)

차트 2-14   제일모직(30분봉)

시초가 갭하락 시점에서 장대양봉이 연속 출현하면 초기에 매수하고 20선이 60,
120, 200선을 골든크로스하면서 우상향 시 홀딩하라. 30분봉에서 갭하락 후 장대
양봉이 출현하며 일시에 모든 이평선을 상승 돌파 시는 그만큼 매수 세력이 강력하
므로 상승을 예상할 수 있다.

시초가 갭하락 후 쌍역망치 출현 시 매수하라

차트 2-15 조아제약(5분봉)

차트 2-16 조아제약(30분봉)

　　시초가 갭하락 시점에서 출현한 쌍역망치가 우상향 200선의 지지를 받으면서 더

상승하고 있으므로 신속 매수하라. 30분봉에서는 20선이 60선을 골든크로스한 뒤

우상향하므로 상승이 예상된다.

시초가 갭하락 후 역망치와 도지 출현 시 매수하라

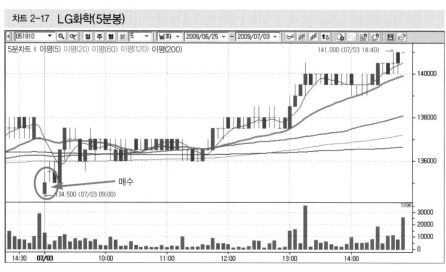

차트 2-17 LG화학(5분봉)

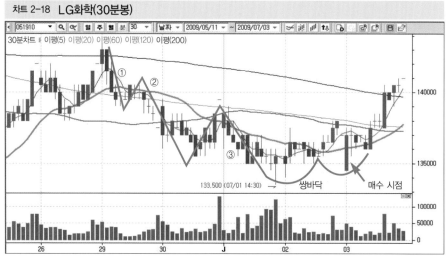

차트 2-18 LG화학(30분봉)

시초가 갭하락 역망치와 도지 출현 시 상승이 예상되므로 매수하라. 30분봉에서 3차 하락 전저점과 갭하락 역망치가 쌍바닥을 실현하면서 주가와 20선, 20선과 60·120선의 골든크로스가 일어나므로 상승이 예상된다.

시초가 갭하락 후 쌍도지 출현 시 매수하라

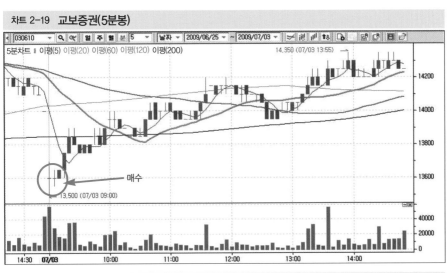

차트 2-19 교보증권(5분봉)

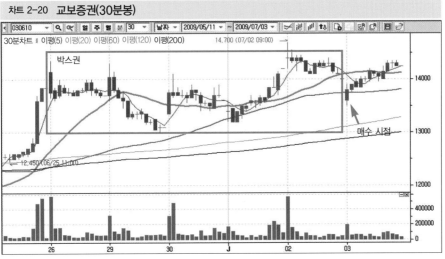

차트 2-20 교보증권(30분봉)

시초가 갭하락 시점에서 쌍도지 출현 시는 초기에 매수하라. 30분봉에서 시초가 60선의 지지를 받으며 20, 60선이 우상향하고 있으므로 상승이 예상되지만 박스권이므로 큰 상승은 기대하기 어렵다.

시초가 갭하락 후 긴 밑꼬리 출현 시 매수하라

차트 2-21 효성(5분봉)

차트 2-22 효성(30분봉)

시초가 갭하락한 뒤 음봉으로 하락하다 매수세가 등장하여 긴 밑꼬리가 만들어지면 상승이 예상되므로 매수하라. 30분봉에서 3차 하락 저점을 시초가에 실현하면 상승이 예상된다. 밑꼬리는 길수록 상승 가능성이 높고 위꼬리는 길수록 하락 가능성이 높다.

시초가 갭하락 후 장대 역망치가
종목과 업종 차트에서 동시에 출현 시 신속 매수하라

차트 2-23 삼성화재(5분봉)

차트 2-24 보험업(5분봉)

미국 다우 지수가 100포인트 이상 하락하고 코스피도 시초가 갭하락한 후 장대 역망치가 관심주와 동시에 출현 시 신속 매수하여 홀딩하라. 이후 고점이 낮아질 경우는 하락 예상하라.

시초가 갭하락 후 도지가
종목과 업종 차트에서 동시에 출현 시 신속 매수하라

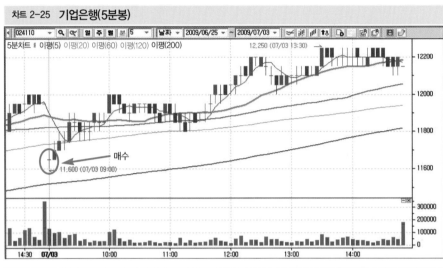

차트 2-25 기업은행(5분봉)

차트 2-26 은행(5분봉)

시초가 갭하락 시점에서 종목과 업종 차트상 동시에 도지 출현 시 신속 매수하라. 우상향 20선이 지지되는 한 계속 홀딩하라.

시초가 갭하락 후 장대 망치형이
종목과 업종 차트에서 동시에 출현 시 신속 매수하라

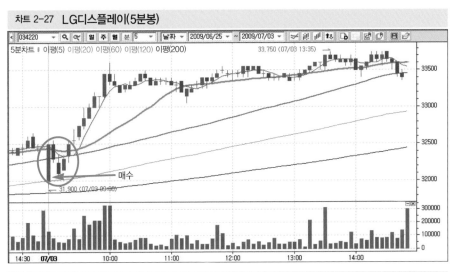

차트 2-27 LG디스플레이(5분봉)

차트 2-28 전기,전자(5분봉)

시초가 갭하락 시점에서 종목과 업종 차트상 동시에 장대 망치형이 출현 시 상승을 예상하고 신속 매수하라. 우상향 20선 지지되는 한 계속 홀딩하라.

시초가 갭하락 후 양봉이
우상향 200선 지지받고 출현 시 매수하라

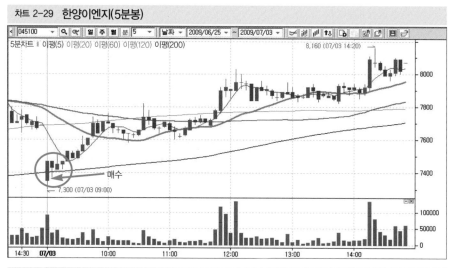

차트 2-29　한양이엔지(5분봉)

차트 2-30　한양이엔지(30분봉)

　　시초가 갭하락 시점에서 우상향하는 200선 지지받고 양봉 출현 시 상승이 예상 되므로 매수하라. 우상향 20선 지지되면 끝까지 홀딩하라. 30분봉에서 20선이 우 상향 중이고 주가가 60, 120, 20선을 순차적으로 골든크로스하므로 상승을 예상할 수 있다.

시초가 갭하락 후 수렴된 장기 이평선 지지받고
양봉 출현 시 상승 초기이므로 매수하라

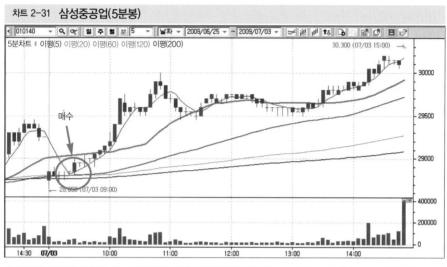

차트 2-31 삼성중공업(5분봉)

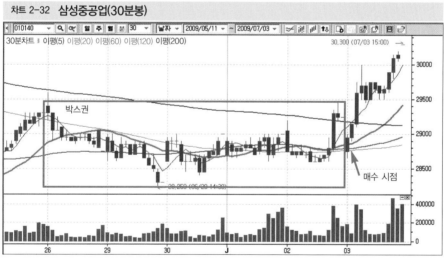

차트 2-32 삼성중공업(30분봉)

　시초가 갭하락 후 60, 120, 200선이 수렴된 지점에서 지지받고 양봉이 연속 출현하면 초기에 매수하라. 30분봉에서 양봉이 연속 출현하면서 주가가 20, 60선을 골든크로스하면서 우상향하므로 상승이 예상되고, 5일간 횡보 후 상승이므로 상승이 지속된다.

시초가 갭하락 후 단봉 횡보 시 매수하고
20선 우상향 시 계속 홀딩하라

차트 2-33 현대증권(5분봉)

매수

차트 2-34 증권(5분봉)

매수 시점

시초가 갭하락 시점에서 주가가 반등하다가 20선과 만날 때 골든크로스가 이뤄지고 20선이 우상향으로 돌아서면서 주가를 지지하면 매수하여 홀딩하라. 주가와 20선이 만나는 시점에서 주가가 밀려 우하향 시작되면 매수하지 말라.

분봉상 전일 쌍바닥 출현주
금일 갭하락 시초가에 매수하라

차트 2-35 NHN(5분봉)

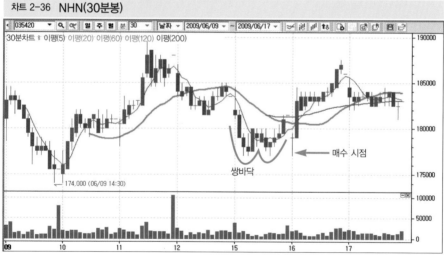

차트 2-36 NHN(30분봉)

  분봉상으로 쌍바닥 2차 저점 이후 주가가 20선을 골든크로스하면 매수하라. 장
마감에 가까워서 쌍바닥이 출현했다면 종가에 매수하거나 익일 시초가 갭하락을
노려 2차 매수하라.

시초가 갭상승 후 양봉 연속 출현하면서
5선과 20선 지지받고 상승 시 홀딩하라

차트 2-37 현대하이스코(5분봉)

차트 2-38 철강,금속(5분봉)

시초가 갭상승 시점에서 종목과 업종 차트상 동시에 양봉이 연속되면서 수직 상
승 5선 지지받으면 초기에 매수하라. 우상향 20선 지지받고 상승 시 계속 홀딩하
라. 업종 차트에서 우상향 60선이 120, 200선을 장중에 골든크로스하면서 우상향
시 종일 상승을 예상하라.

시초가 갭상승 후 우상향 20, 60선 지지받고 상승 시 계속 홀딩하라

차트 2-39 대우증권(5분봉)

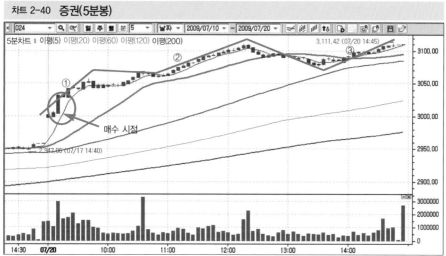

차트 2-40 증권(5분봉)

　　시초가 갭상승 시점에서 우상향 5선 지지받고 상승하는 초기에 매수하여 3차 상
승 고점에서 매도하라. 업종 차트와 거의 동일하게 1~3차 상승 시 계속 주시하면서
홀딩하라.

종목과 업종 차트에서 동시에 갭상승 뒤
단봉으로 우상향 20선 지지받으면 홀딩하라

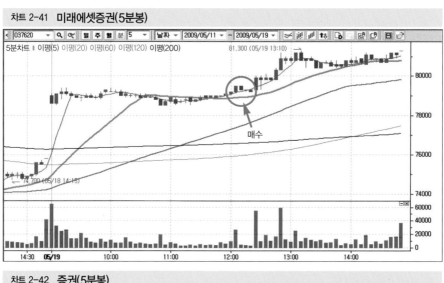

차트 2-41 미래에셋증권(5분봉)

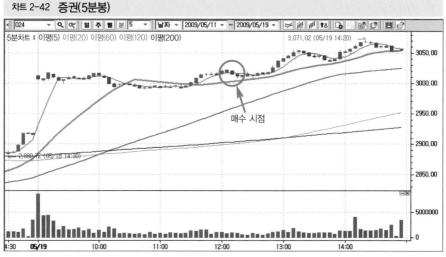

차트 2-42 증권(5분봉)

갭상승 시점에서 단봉 횡보 시 코스피와 업종 차트를 관심주 차트와 함께 주시하

라. 우상향 20선 지지받고 완만하게 상승하는 동안은 홀딩하라.

06

시초가 매매 2 종일 하락 예상되는 시초가 패턴

핵심요약

1 5분봉상 종목 차트가 코스피나 업종 차트와 같이 시초가에 갭상승 위꼬리, 장대음봉, 갭하락 음봉 출현하며 20선 우하향 시 종일 하락한다.

2 5분봉상 종목 차트가 코스피나 업종 차트와 같이 시초가에 20선이 60, 120, 200선을 데드 크로스한 뒤 우하향 시 종일 하락한다.

3 5분봉상 종목 차트가 코스피나 업종 차트와 같이 시초가 갭상승 뒤 하락하고, 반등하다 20 선 저항받고 재차 하락하며 여러 이평선 저항 시 종일 하락한다.

4 5분봉상 종목 차트가 코스피나 업종 차트와 같이 시초가 완전 역배열 상태에서 갭하락하고 모든 이평선이 우하향 시 종일 하락한다.

5 5분봉상 종목 차트가 코스피나 업종 차트와 같이 시초가에 고점 출현 뒤 2차 고점이 낮아지 고 20, 60선 우하향 시 종일 하락한다.

5분봉에서 종일 하락 예상되는 패턴은 ① 시초가 갭상승 장대음봉 뒤 연속 음봉 하락 ② 20선 우하향하며 60, 120, 200선 데드크로스 ③ 시초가 갭하락 뒤 주가 우 하향 ④ 시초가에 쌍봉이나 3봉 출현 ⑤ 전고점보다 낮은 2차 고점 출현 등이다.

미국 다우 지수가 하락하거나 대형 악재가 출현하면 아예 시가부터 낮게 출발하 여 계속 하락하고, 다우 지수가 큰 폭으로 상승하거나 호재가 출현한 경우에는 갭 상승 후 매도 물량이 쏟아지면서 하락한다. 갭상승 시점에 개인들의 매수세가 몰릴 때 기보유자들이 차익실현에 나서면서 장대음봉, 긴 위꼬리 음봉, 갭하락 음봉 등 이 출현하며 본격 하락을 시작한다.

시초가에 코스피와 업종 차트가 종목과 동시에 하락할 경우 하락세는 더 확실해 진다. 이런 날은 매매를 자제하는 것이 가장 좋은 방법이다. 전고점이 있고 20, 60

선이 우하향 중에는 중간에 반등 양봉이 몇 개 출현해도 매수하지 말라. 우하향 중인 20선이나 60선의 저항받고 재하락한다. 장 초반 장대음봉이 매물벽이 되면 종일 매물이 흘러나와 하락하며 전고점을 상승 돌파하지 못하는 한 상승을 기대할 수 없다.

3차 하락 뒤 쌍바닥이 완성되거나 20선을 골든크로스하는 장대양봉 출현 시 재매수하면 종목 수량을 증가시킬 수 있는 좋은 기회로 이용할 수 있다. 3차 하락 저점이나 2시 45분 이후 최저점에서 매수해야지 1시 이후 반등한다고 해서 추격매수에 나섰다가는 이평선 저항받고 재하락할 확률이 높다.

이번 장에서는 종일 하락이 예상되는 시초가 패턴을 살펴보면서 즉시 매도, 매수 금지 사례를 익히도록 하자.

시초가에 모든 이평선 수렴 뒤 우하향 시
매수하지 말라

차트 2-43 한미반도체(5분봉)

매수 금지, 보유주 매도

4,545 (06/09 13:00)

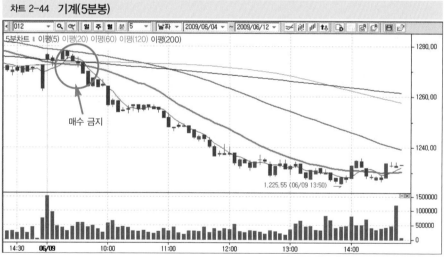

차트 2-44 기계(5분봉)

매수 금지

1,225.55 (06/09 13:50)

  종목과 업종 차트상 시초가에 주가와 모든 이평선이 수렴된 상태에서 음봉이 출
현하고 장기 이평선들이 우하향 시는 매수하지 말고 보유주 매도하라.

시초가에 각 이평선 이격이 크고
완전 역배열 상태로 우하향 시 매수하지 말라

차트 2-45 이트레이드(5분봉)

차트 2-46 증권(5분봉)

　　종목과 업종 차트상 전일부터 각 이평선이 역배열 상태이며 이평선 간 이격이 크

고 우하향하거든 보유주 신속 매도하고 매수하지 말라.

업종 차트에서 먼저 주가가 20, 60, 120선과 데드크로스되면 보유주 매도 준비하라

차트 2-47 삼성화재(5분봉)

- 쌍봉 1차 매도
- 장대음봉 2차 매도
- 반등 시 꼭 매도

234,000 (10/01 12:15)

차트 2-48 보험업(5분봉)

- 매도 시점

19,600.63 (10/01 12:25)

먼저 업종 지수가 20, 60, 120선과 데드크로스되면 즉시 매도 태세를 갖추고 쌍봉 출현 시 매도하라. 장대음봉이 20, 60, 120선과 데드크로스할 때 2차 매도하고 반등이 있을 경우 3차에는 기필코 매도하라. 20선은 한번 꺾이면 반등이 있더라도 일시적이며 다시 하락한다.

주가가 먼저 모든 이평선을 데드크로스하고
20선이 장기 이평선을 데드크로스하면 종일 하락한다

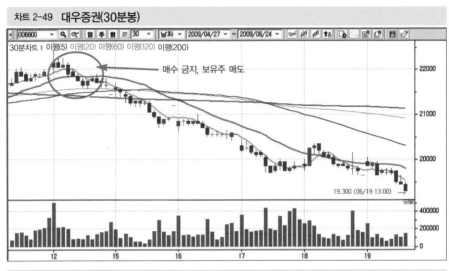

차트 2-49 대우증권(30분봉)

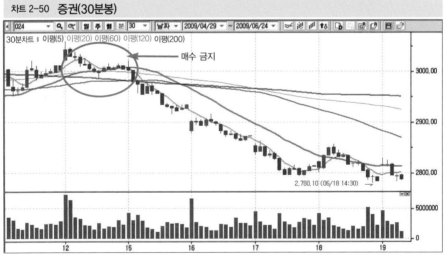

차트 2-50 증권(30분봉)

주가가 20선을 데드크로스한 뒤 60, 120, 200선을 빠르게 데드크로스하면서 우하향하고, 20선이 보다 장기의 이평선을 데드크로스하면서 우하향 시 즉시 매도하고 매수하지 말라. 5분봉으로 잘 보이지 않을 때는 30분봉으로 보면 당일 추세를 정확히 볼 수 있다.

시초가에 20선이 장기 이평선을 차례로 데드크로스하면
매수하지 말라

차트 2-51 외환은행(5분봉)

매수 금지, 보유주 매도

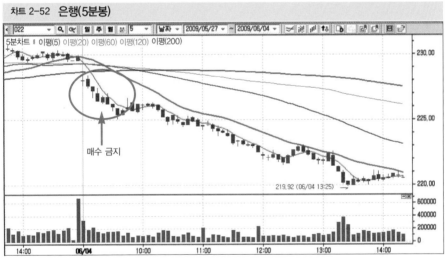

차트 2-52 은행(5분봉)

매수 금지

　종목과 업종 차트상 시초가에 20선이 60, 120, 200선을 일시에 데드크로스하며
우하향 시 초기에 매도하고 반등해도 매수하지 말라. 20선이 주가와 일정한 이격을
유지하면서 우하향하고 장기 이평선이 우하향 시는 종일 하락을 예상하고, 중간에
반등하더라도 20선이 우상향하지 않는 한 매수하지 말라.

시초가에 120선이 200선과 데드크로스되고
20선이 60선과 데드크로스 후 우하향 시 매수하지 말라

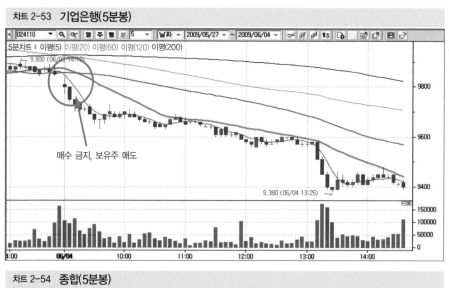

차트 2-53 **기업은행(5분봉)**

매수 금지, 보유주 매도

차트 2-54 **종합(5분봉)**

매수 금지

　　종목과 업종 차트상 시초가에 120선이 200선과 데드크로스되고 20선이 60선과 데드크로스되면서 모든 이평선이 일정한 간격으로 우하향 시 초기에 매도하고 재매수하지 말라.

시초가에 장대음봉이 출현하고 20선이
장기 이평선을 데드크로스하며 우하향 시 종일 하락한다

차트 2-55 대우증권(5분봉)

매수 금지, 보유주 매도

23,500 (09/23 12:45)

차트 2-56 종합(5분봉)

매수 금지

1,705.98 (09/23 12:50)

    종목과 업종 차트상 시초가에 갭상승 장대음봉이 출현하고 20선이 60, 120, 200
선을 데드크로스하며 우하향 시는 종일 하락을 예상하고 매수하지 말라. 종합 차트
에서 시초가에 갭상승 장대음봉이 출현하고 20, 60선이 우하향 시 70%의 종목이
연동되어 하락하며 일시 반등해도 재하락한다.

시초가에 장대음봉이 출현하며
모든 이평선을 일시에 데드크로스하면 종일 하락한다

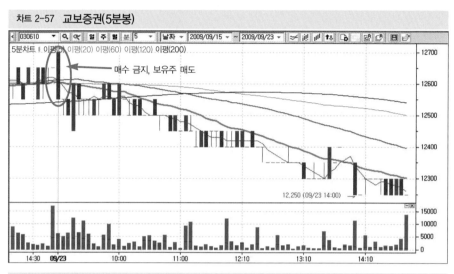

차트 2-57 교보증권(5분봉)

차트 2-58 증권(5분봉)

　　시초가에 장대음봉이 모든 이평선을 데드크로스하고 20선이 60, 120, 200선을
데드크로스하며 우하향 시작하면 종일 하락을 예상하고 초기 매도 후 재매수하지
말라. 업종 지수도 마찬가지로 시초가에 장대음봉이 모든 이평선을 일시에 데드크
로스하고 우하향 시 하락 확률이 높다.

일봉상 전일 장대양봉 뒤
금일 갭상승 음봉 출현하면 초기에 매도하라

차트 2-59 네오위즈(10분봉)

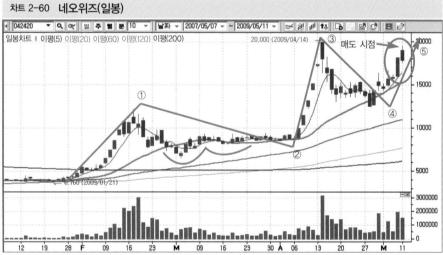

차트 2-60 네오위즈(일봉)

　　일봉상 위꼬리 없는 장대양봉이 20선 지지받고 출현한 뒤 익일 시초가에 갭상승
하여 음봉으로 하락하면 초기에 매도하라. 5분봉을 주시하다 시초가에 갭상승 긴
위꼬리 음봉 출현 시 즉시 매도하라.

시초가에 긴 위꼬리 뒤 모든 이평선 데드크로스하며 우하향 시 매수하지 말라

차트 2-61 대림산업(5분봉)

차트 2-62 건설업(5분봉)

시초가에 위꼬리가 만들어진 뒤 음봉이 연속되면서 모든 이평선을 데드크로스하고 우하향 시 매수하지 말라. 업종 차트상 20선이 60선과 데드크로스하며 우하향 시 초기에 매도하고 반등해도 재매수하지 말라.

시초가에 위꼬리+음봉 출현 뒤 하락하면서
20선이 제반 장기 이평선 데드크로스하면 매수하지 말라

차트 2-63 현대증권(5분봉)

차트 2-64 증권(5분봉)

　　종목과 업종 차트상 모든 이평선이 수렴된 상태에서 장대음봉이 출현하여 이평
선들을 데드크로스하면서 우하향 시작하면 매수하지 말고 보유주 신속 매도하라.
하락 중 반등해도 매수하지 말라.

시초가에 장대음봉이 모든 이평선 일시에 데드크로스하고
장기 이평선이 우하향 시 매수하지 말라

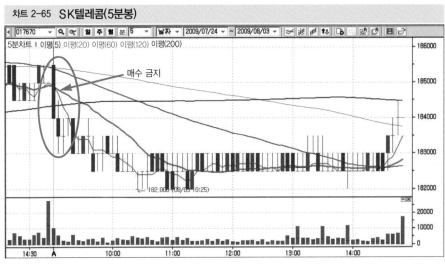

차트 2-65 SK텔레콤(5분봉)

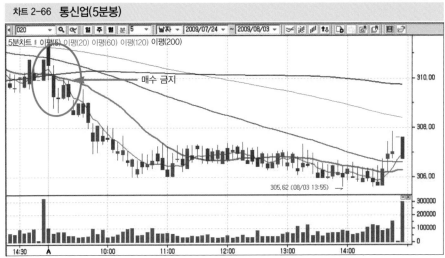

차트 2-66 통신업(5분봉)

종목과 업종 차트에서 똑같이 20, 60, 120선이 200선을 순차적으로 데드크로스
하며 우하향하고 음봉이 연속될 경우 종일 하락을 예상하라.

시초가에 갭하락 후 장대음봉 출현하면
매수하지 말라

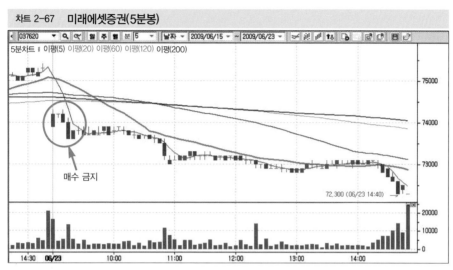

차트 2-67 미래에셋증권(5분봉)

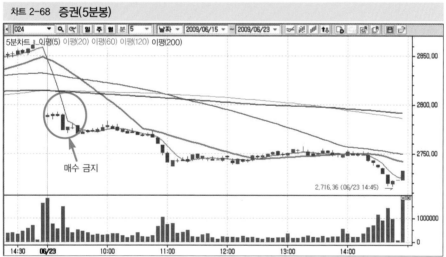

차트 2-68 증권(5분봉)

　　다우 200포인트, 나스닥 61포인트 하락하고 코스피 지수가 시초가에 27포인트 갭

하락한 뒤 3차까지 하락이 이어져 39포인트 하락으로 마감된 날의 차트다. 코스피가

시초가에 갭하락할 경우에는 동시에 갭하락한 종목 중에서 급등 장대양봉 출현 시에

만 매수하고 보유주 신속 매도하라.

시초가에 갭하락 후 20선이 장기 이평선을
수직으로 데드크로스할 경우 매수하지 말라

차트 2-69   삼성물산(5분봉)

차트 2-70   종합(5분봉)

코스피 지수와 같이 시초가에 갭하락하고 20선이 60, 120, 200선을 수직으로 데
드크로스하면 종일 하락이 이어진다. 우하향하는 20선 저항으로 2차 하락하고, 우
하향 60선 저항으로 3차 하락한다. 시초가 갭하락만 보고 매수하지 말고 이평선의
위치와 교차를 잘 살펴야 한다.

시초가에 갭하락 후 20선이 장기 이평선을
일시에 데드크로스할 때는 매수하지 말라

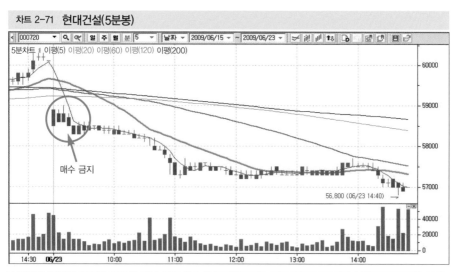

차트 2-71 현대건설(5분봉)

매수 금지

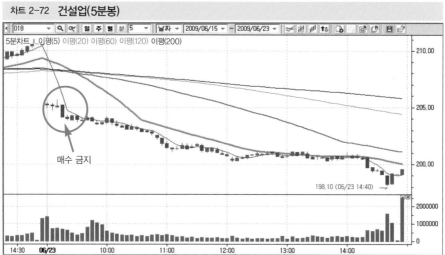

차트 2-72 건설업(5분봉)

매수 금지

코스피 지수와 업종 지수가 시초가에 갭하락하고 20선이 60, 120, 200선을 일시
에 데드크로스하면서 우하향 시는 일시 반등해도 매수하지 말고 상승을 기대하지
말라.

시초가에 갭상승 후 저항선 저항받고
음봉 출현 시 매수하지 말라

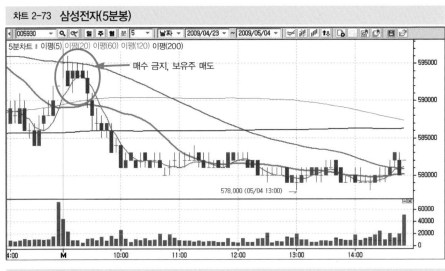

차트 2-73 삼성전자(5분봉)

매수 금지, 보유주 매도

578,000 (05/04 13:00)

차트 2-74 전기,전자(5분봉)

매도 시점

5,741.52 (05/04 13:00)

　　업종과 종목 차트에서 시초가 갭상승 후 60선의 저항으로 장대음봉이 연속되거
나 위꼬리+장대음봉이 출현하면 즉시 매도하라. 장기 이평선들의 데드크로스가 일
어나면 하락이 길어지므로 섣불리 매수하지 말라.

시초가에 갭상승 후 장대음봉이 출현하거나
반등하다 2차 고점이 더 낮아질 경우 매수하지 말라

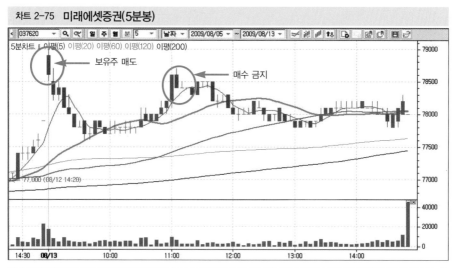

차트 2-75 미래에셋증권(5분봉)

보유주 매도

매수 금지

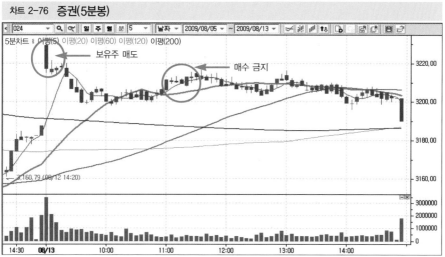

차트 2-76 증권(5분봉)

보유주 매도

매수 금지

　　업종과 종목 차트에서 똑같이 시초가에 갭상승한 후 고점에서 장대음봉이 출현
하면 매수하지 말고 보유주는 신속 매도하라. 하락 뒤 반등하다 전고점보다 낮은
고점이 만들어지면 하락이 계속된다.

시초가에 갭상승 후 주가가 연속 하락하다가
우상향 20선과 만나 데드크로스되면서 20선 우하향 시 매도하라

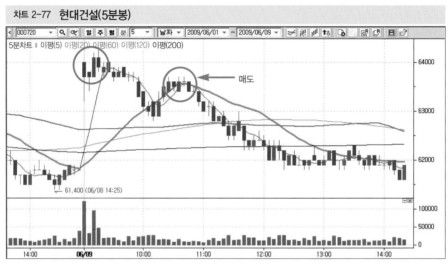

차트 2-77 현대건설(5분봉)

차트 2-78 건설업(5분봉)

업종과 종목 차트에서 똑같이 시초가에 갭상승한 뒤 음봉으로 하락하고, 우상향 하던 20선과 주가가 만나는 시점에서 데드크로스가 발생하며 20선이 우하향으로 돌아서면 매도하라.

시초가에 갭상승 후 1차 하락 시
주가와 20선 데드크로스되면 3차 하락을 예상하라

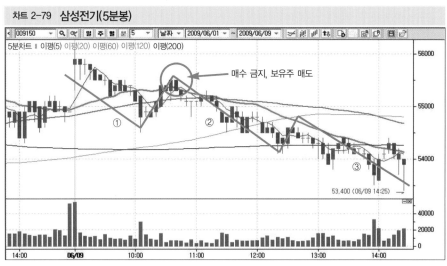

차트 2-79 삼성전기(5분봉)

매수 금지, 보유주 매도

53,400 (06/09 14:25)

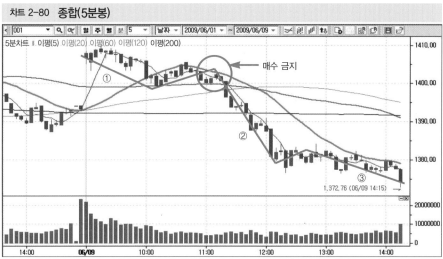

차트 2-80 종합(5분봉)

매수 금지

1,372.76 (06/09 14:15)

　　시초가에 갭상승한 뒤 계속 음봉이 출현하며 1차 하락하다가 반등하면 주의를 기울여 흐름을 따라가야 한다. 양봉이 이어진다고 섣불리 매수하지 말고 위에 위치한 20선과 어떻게 크로스되는지를 살펴라. 저항받고 2차 하락하거든 3차까지 하락을 예상하라.

07

10시 전후 매매 1 하락 중 상승 전환 패턴

핵심요약

1 5분봉상 종목 차트가 코스피나 업종 차트와 같이 시초가에 갭상승 위꼬리 뒤 10시 전후 음봉 2~9개 연속된 저점에서 밑꼬리, 역망치, 장대양봉 출현하면 상승한다.

2 5분봉상 종목 차트가 코스피나 업종 차트와 같이 시초가에 하락하다 10시 전후 쌍바닥, 3바닥 출현 시 상승한다.

3 5분봉상 종목 차트가 코스피나 업종 차트와 같이 시초가에 하락하다 10시 전후 도지나 단봉 횡보 중 첫 장대양봉 출현하면 상승한다.

4 5분봉상 종목 차트가 코스피나 업종 차트와 같이 시초가에 급락한 뒤 10시 전후 3차 하락 저점에서 첫 장대양봉 출현하며 20선과 골든크로스 시 상승한다.

5 5분봉상 종목 차트가 코스피나 업종 차트와 같이 시초가에 1차 상승 뒤 10시 전후 눌림목에서 우상향 20, 60선 지지받으면 상승한다.

오전 10시는 대체로 덩치 큰 세력들과 나머지 개인 투자자들의 선수 교체가 일어나는 시간대다. 대규모 매도 물량이 소진되기 시작하며, 장 초반 거래가 수익실현 또는 손실확정으로 마감되며 이전 흐름의 반전 가능성이 높아진다. 단, 이 시간부터 오후 1시 30분 정도까지는 거래도 침체되기 때문에 매매 종목을 신중히 선택해야 한다.

시초가 하락하다 10시 전후 상승하는 대표적인 패턴은 ① 음봉 2~9개 뒤 밑꼬리 또는 도지, 역망치, 상승반전 패턴, 첫 장대양봉, 단봉 횡보 ② 시초가부터 우하향 하거나 횡보 중 첫 장대양봉 ③ 상승 초기 전고점 돌파 장대양봉 ④ 1차 상승 뒤 눌림목에서 20, 60선 지지 ⑤ 3차 하락 뒤 쌍바닥, 3바닥 첫 장대양봉 등이 있다.

시초가에 많이 하락하는 종목 중에는 개인 투자자들의 미수 반대매매 물량이 쏟아지기 때문인 경우가 있다. 미수를 사용했다면 당일 매도하든지 이틀 후 현금을 보충해야 하는데 그렇지 못할 경우 익일 증권사에서 동시호가에 시장가로 매도해 버린다. 음봉 2~9개가 연속된 뒤 도지가 출현하거나 단봉으로 횡보하는 것은 매도 물량이 소진된 상태로 볼 수 있으며 이 시점부터 양봉이 출현하면서 상승한다.

장 초반에 주가가 크게 하락하면 반발 매수세가 증가하면서 상승하게 된다. 음봉 출현 초기 주시하다가 도지나 단봉 횡보 시 매수한다. 반면 시초가에 갭상승 양봉이 출현하는 경우 다급하게 따라잡으면 고점을 찍고 밀리면서 위꼬리를 만들고 급기야 음봉으로 바뀌기 때문에 손실이 날 수 있다. 장 초반 매매에서는 전일 차트 신호를 더욱 세심하게 살펴 결정해야 한다.

개장 이후 약 1시간 정도는 악재나 호재에 의한 영향이 커서 등락폭이 큰 편이다. 때문에 트레이딩에 숙달되지 못했다고 스스로 판단한다면 장 참가자들이 안정을 찾고 확실한 장세가 확인될 때까지 매매를 자제하는 것도 한 방법이다.

시초가부터 횡보하다 10시를 전후로 주가와 20선 이격이 확대되면서 상승 시작하는 종목을 매수한다. 우하향 후 횡보 중 갑자기 역망치나 장대양봉이 출현하면서 모든 이평선을 골든크로스하는 상승 초기가 최적 매수 기회다. 10시 전후 쌍바닥이나 3바닥이 출현하면서 상승하는 경우, 2차 저점이 20선과 골든크로스되거나 우상향 20선 지지받아도 좋은 매수 기회다. 저점에서 쌍바닥은 가장 빈번하게 출현하는 상승 패턴이며 가장 신뢰할 수 있는 신호가 된다. 장 초반 하락하다 10시를 전후로 상승 전환하는 패턴에 대해 배우도록 하자.

전고점 돌파 양봉 매수하라

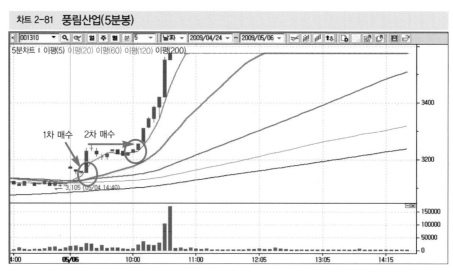

차트 2-81 풍림산업(5분봉)

차트 2-82 풍림산업(30분봉)

5분봉에서 이평선 수렴하고 갭상승 뒤 전고점 돌파 시 매수하라. 30분봉에서 보면 2일간 수평 횡보하면서 이평선이 수렴된 후 20선 지지받고 상승이 시작되었다.

1차 상승 후 눌림목에서
20선 지지받을 때 매수하라

차트 2-83 두산중공업(5분봉)

차트 2-84 기계(5분봉)

1차 상승 뒤 눌림목에서 20선 지지받으면 재상승한다. 업종 차트에서 볼 때 20선 지지 시점에서 도지 출현 시가 매수 기회다.

1차 상승 후 눌림목에서
20선 지지받는 역망치 출현 시 매수하라

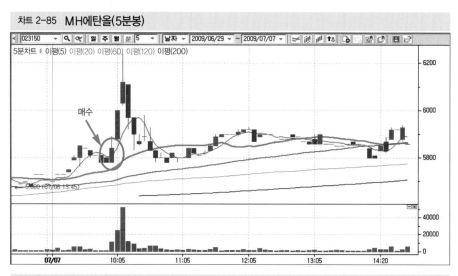

차트 2-85 MH에탄올(5분봉)

차트 2-86 MH에탄올(30분봉)

　1차 상승 뒤 눌림목에서 20선 지지되는 역망치 매수하여 3번째 장대양봉이 위꼬리를 만들기 시작하는 초기에 매도하라. 30분봉으로 보면 4일간 횡보뒤 20, 60선이 우상향 중이므로 상승이 예상된다.

1차 상승 후 눌림목에서
20선 지지받는 상승반전 패턴 출현 시 매수하라

차트 2-87 평산(5분봉)

차트 2-88 평산(15분봉)

1차 상승 후 눌림목이 주어질 때 우상향 20선에 지지되는 상승반전 패턴 출현 시 매수하라. 15분봉에서 보면 20선이 우상향을 시작했지만 위에서 60선이 우하향하면서 저항을 받고 있다. 이런 상황에서는 매매를 짧게 해야 한다.

1차 상승 후 눌림목에서
20선 지지받는 쌍역망치 출현 시 매수하라

차트 2-89 동부화재(5분봉)

차트 2-90 보험업(5분봉)

　　1차 상승 후 눌림목에서 우상향 20선 지지받고 쌍역망치가 출현하면 매수하라.

업종 차트를 참고하면 200선의 저항을 받다가 우상향 20선의 지지를 받으며 200선

을 상승 돌파할 때가 매수 시점이다.

1차 상승 후 눌림목에서
20, 200선 지지받고 상승 시 매수하라

차트 2-91 현대산업(5분봉)

20, 200선 지지 매수

차트 2-92 현대산업(30분봉)

쌍바닥

20선 지지
장대양봉

시초가 양봉 상승 후 눌림목에서 20선과 200선 동시 지지받고 재상승을 이어가면 우상향 20선 지지받는 동안 홀딩하라. 30분봉에서 쌍바닥이 출현하면서 20선이 우상향으로 돌아서므로 상승을 예상할 수 있다.

쌍바닥 2차 저점에서 200선 지지되면
매수하여 홀딩하라

차트 2-93 동아제약(5분봉)

차트 2-94 동아제약(30분봉)

5분봉에서 시초가 이후 쌍바닥이 완성되고 2차 저점이 200선의 지지를 받으며 상승 시 매수하고 종가에 매도하라. 30분봉에서 보면 2일간 급등 후 횡보 중이므로 곧 하락이 시작된다는 것을 예상하고 보유하지 말라. 급등 후 횡보는 하락 확률이 높다.

시초가에 갭상승 후 음봉으로 연속 하락하다
장기 이평선 지지받는 쌍도지+장대양봉 매수하라

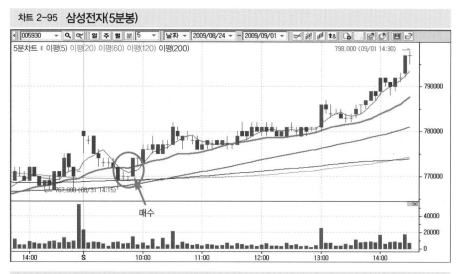

차트 2-95 삼성전자(5분봉)

차트 2-96 전기,전자(5분봉)

시초가에 갭상승한 뒤 업종 지수와 동시에 음봉으로 연속 하락 중 장기 이평선의

지지를 받는 도지가 출현한 뒤 20선과 골든크로스하는 장대양봉 출현 시 매수하라.

시초가부터 급락 후 단봉 횡보하다
종목과 업종 차트에서 동시에 장대양봉 출현 시 매수하라

차트 2-97 삼성전자(5분봉)

단봉 횡보 후 장대양봉 매수

차트 2-98 전기,전자(5분봉)

단봉 횡보 후 장대양봉 매수 시점

시초가부터 3차 하락이 진행된 뒤 저점에서 단봉으로 횡보하다 업종 차트와 동
시에 첫 장대양봉이 출현하면 주저 말고 매수하라.

시초가부터 우하향 단봉 횡보 중
첫 장대양봉 출현 시 매수하라

차트 2-99 POSCO(5분봉)

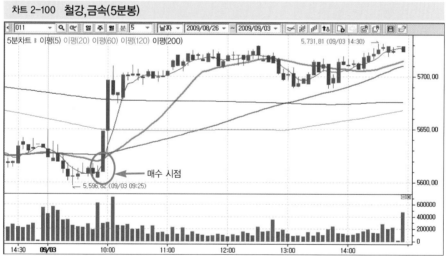

차트 2-100 철강,금속(5분봉)

　　종목과 업종 차트에서 동시에 우하향 횡보하다 첫 장대양봉이 출현하며 20, 60선
과 골든크로스하거든 매수하라. 업종 차트에서 횡보 중 역망치 출현 시 상승을 예
상하라.

시초가부터 우하향 횡보 중 20, 60, 120선
일시에 골든크로스하는 장대 역망치 매수하라

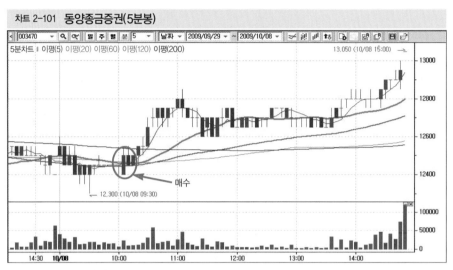

차트 2-101 동양종금증권(5분봉)

차트 2-102 증권(5분봉)

시초가부터 우하향 횡보 중 일시에 20, 60, 120, 200선을 상승 돌파하는 장대 역
망치 출현 시 매수하라. 업종 차트를 참고하자면 쌍도지 뒤 모든 이평선을 골든크
로스하는 양봉 출현 시가 매수 기회다. 시초가 음봉은 반대매매 물량 등이 일시에
쏟아져나왔기 때문으로 볼 수 있으며 도지 출현은 매물이 소화가 되었다는 신호다.

시초가부터 하락 중 쌍역망치가 출현하면서
20선과 골든크로스하면 매수하라

차트 2-103 **삼성SDI(5분봉)**

쌍역망치 매수

차트 2-104 **종합(5분봉)**

매수 시점

　시초가 보합에서 음봉 하락 중 쌍역망치에 이어 장대양봉이 출현하면서 20선과 골든크로스하면 매수 적기다. 이때 업종 지수에서도 역망치+도지가 출현하는데 이 캔들 조합 역시 매수 기회라는 신호다.

시초가부터 음봉 연속 하락 중 200선에 지지되는
긴 밑꼬리 출현 시 매수하라

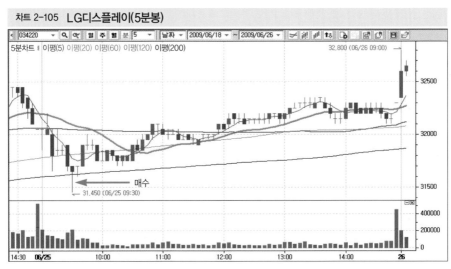

차트 2-105 LG디스플레이(5분봉)

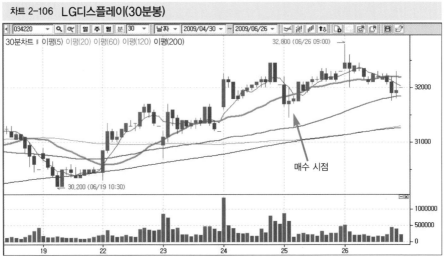

차트 2-106 LG디스플레이(30분봉)

시초가부터 음봉이 연속되면서 하락 중 긴 밑꼬리가 만들어졌다는 것은 매수세
가 등장하였다는 증거다. 200선에서 지지될 것을 예상하고 밑꼬리 초기에 매수하
라. 30분봉에서 볼 때 장대음봉 뒤 도지가 출현하며 20선이 계속 우상향 중이므로
상승을 예상할 수 있다.

시초가부터 음봉 하락 중 60선 지지되는
도지+장대 역망치 출현 시 매수하라

차트 2-107 삼성전기(5분봉)

차트 2-108 종합(5분봉)

시초가부터 음봉 연속되며 하락 중 도지와 장대 역망치 출현 시 매수하면 상승한

다. 업종 차트를 참고하자면 갭하락 도지가 60, 120선 동시 지지받고 출현 뒤 양봉

상승 시가 매수 시점이다.

시초가부터 장대음봉 하락 중
우상향 200선 지지받고 상승 시작하는 양봉 매수하라

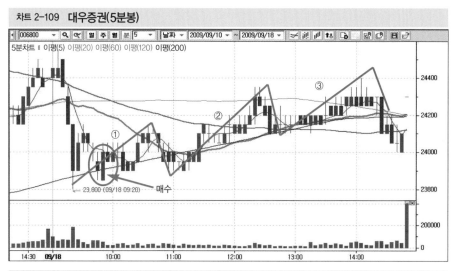

차트 2-109 **대우증권(5분봉)**

차트 2-110 **증권(5분봉)**

시초가부터 장대음봉 3개가 출현하면서 하락하다 우상향 200선 지지받는 양봉
과 함께 상승이 시작되었다. 이런 경우에는 양봉 초기에 매수해야 한다. 업종 차트
에서도 3차 하락 뒤 우상향 200선 지지받으면서 상승하는 초기가 매수 시점이다.

시초가부터 음봉 하락 중 60선과 200선 동시 지지받는 첫 장대양봉 출현 시 매수하라

차트 2-111 현대산업(5분봉)

차트 2-112 건설업(5분봉)

시초가부터 음봉으로 하락하는 중에 60선과 200선의 동시 지지를 받는 첫 장대

양봉 출현 시 매수하라. 업종 차트를 참고하자면 도지 출현 뒤 상승 양봉 출현 시가

매수 시점이다.

시초가부터 음봉 2~9개 출현 뒤
200선 지지되는 상승 초기 매수하라

차트 2-113 한국전력(5분봉)

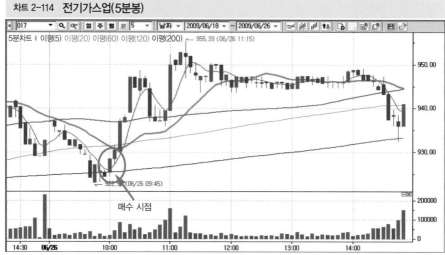

차트 2-114 전기가스업(5분봉)

　　종목과 업종 차트에서 똑같이 시초가부터 음봉이 2~9개 출현 뒤 200선 지지받고 상승 시작하면 초기에 매수하라. 그리고 2차 고점에서 도지+장대음봉 출현 시 매도하라. 업종 지수도 200선 지지 후 상승 시작하여 우상향 5선 지지받으면서 상승이 지속되고 있다.

시초가부터 음봉 하락 뒤 단봉 횡보하다
쌍역망치 출현하면서 20, 60선과 골든크로스하면 매수하라

차트 2-115 현대모비스(5분봉)

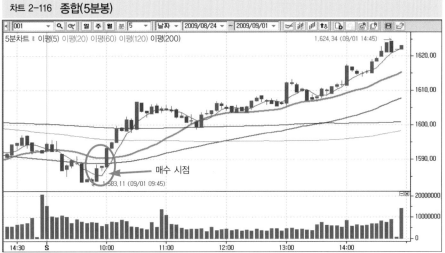

차트 2-116 종합(5분봉)

　　시초가부터 음봉 2~9개가 출현한 뒤 단봉 횡보 중 쌍역망치 출현하면서 20, 60

선을 골든크로스하면 매수하라. 20, 60선이 우상향하면서 상승 초기에 진입한다.

종합 차트를 참고하자면 음봉 하락 뒤 역망치에 이어 도지와 장대양봉 출현하면서

우상향 20, 60선과 골든크로스 후 상승 이어진다.

시초가부터 횡보 중 양봉 연속되면서 모든 이평선 순차적으로 골든크로스하면 매수하라

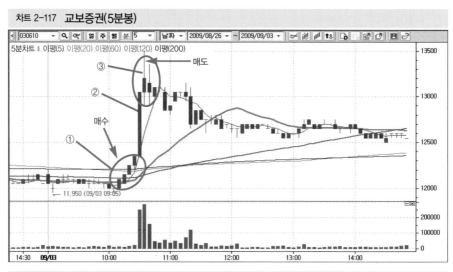

차트 2-117 교보증권(5분봉)

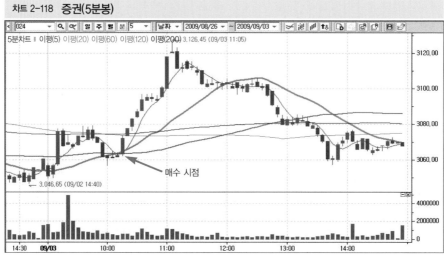

차트 2-118 증권(5분봉)

　　시초가부터 횡보 중 양봉이 연속 출현하면서 20, 60, 120, 200선을 차례로 골든 크로스하면 매수하라. 표시된 부분과 같이 처음 4개의 양봉을 1개의 장대양봉으로 계산하고, 중간 장대양봉이 크게 출현 시 3번째 장대양봉은 위꼬리가 출현하며 하락하므로 위꼬리가 만들어지는 초기에 매도하라.

08

10시 전후 매매 2 상승 중 하락 전환 패턴

핵심요약

1 5분봉상 종목 차트가 코스피나 업종 차트와 같이 시초가 갭상승 뒤 하락하면서 10시 전후 우상향 20선과 데드크로스하면 하락한다.

2 5분봉상 종목 차트가 코스피나 업종 차트와 같이 시초가에 상승하다 10시 전후 20선이 60, 120, 200선을 데드크로스하면 하락한다.

3 5분봉상 종목 차트가 코스피나 업종 차트와 같이 시초가에 상승한 뒤 10시 전후 고점에서 긴 위꼬리, 장대음봉, 쌍봉 출현 시 하락한다.

4 5분봉상 종목 차트가 코스피나 업종 차트와 같이 시초가부터 급등하여 10시 전후 3차 상승이 실현되면 3차 하락이 시작된다.

5 시초가부터 매수세가 급증하면서 10시 전후 급등 고점에 도달하면 수익실현 물량이 쏟아지면서 급락한다.

상승하다 10시 전후 하락하는 대표적 패턴은 ① 3차 상승 뒤 고점 찍고 하락 ② 시초가 갭상승 후 양봉 상승하다 하락 ③ 전고점보다 2차 고점이 낮게 출현 ④ 시초가 양봉 상승 중 고점에서 단봉 횡보하다 하락 ⑤ 쌍봉, 3봉 출현 뒤 하락 등이 있다.

미국 다우 지수가 크게 상승하거나 호재가 출현하면 개인들의 매수세가 몰리면서 시가부터 급등이 시작되는데 1시간 동안 상승세가 지속되었다면 10시 전후로 고점에 도달한다. 더 이상의 추진력이 제공되지 않는다면 수익실현 욕구가 커지면서 서서히 매도 물량이 출회되기 시작하는 시점이다. 시초가부터 양봉으로 상승하다 상승이 지체되고 밀리는 중 아래에서 따라오던 20선과 만나게 되는데 이때를 주시해야 한다. 20선에 지지되면서 주가가 다시 우상향 시작하면 보유 지속 관점이고, 20선과 밀착되어 횡보하거나 데드크로스 일어나며 20선까지 꺾이면 필히 매도해야 한다.

10% 이상 급등 고점에서 더 이상 상승을 못하고 단봉 횡보 시는 언제 급락할지 모르는 상태이므로 첫 음봉 출현 시 매도하고, 급등 고점에서 하락하다 2차 고점이 더 낮게 출현하면 보유주 전량 매도하라. 고점에서 긴 위꼬리, 장대음봉, 쌍봉 등이 출현하면서 하락이 시작될 때도 초기에 매도하는 것이 현명하다. 이런 경우는 대부분 코스피와 업종 지수가 같이 움직이기 때문에 이를 참고하면 남보다 빨리 움직일 수 있다. 고점에서 하락 초기 매도한 뒤 2~4시간 동안 3차 하락이 진행되어 바닥에서 재상승 신호가 포착되면 초기에 재매수한다.

5분봉을 활용할 때는 항시 3차 상승 뒤 3차 하락이 진행되는지를 주목할 필요가 있다. 시초가에 급하게 3차 상승이 실현되어 고점에 도달하면 3차 하락이 진행되므로 상투 증상 출현 초기에 매도하여 3차 하락 바닥에서 긴 밑꼬리나 쌍바닥이 출현하면 매수하라.

주의할 점은 3차 상승이 진행되는 과정에서 음봉이 출현한다고 조급하게 매도하거나 3차 하락 과정에서 반등 양봉 출현 시 조급하게 매수하는 일이다. 양봉이 연속되며 상승하는 도중 음봉이 출현하더라도 조급하게 매도하지 말고 완성된 분봉이 장대양봉 몸통 2분의 1 이상에서 마무리되면 홀딩하라. 하락 과정에서도 조급하게 매수하지 말고 3차까지 하락이 진행되었는지, 위에서 내려오는 저항선은 없는지를 살펴본 다음 바닥이라는 확신이 들 때 주문을 내야 한다.

시초가 갭상승 후 장대양봉으로 급등하다
5선과 데드크로스하면 초기에 매도하라

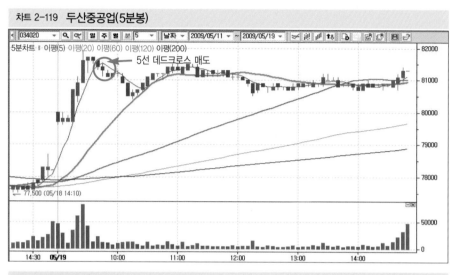

차트 2-119 **두산중공업(5분봉)**

5선 데드크로스 매도

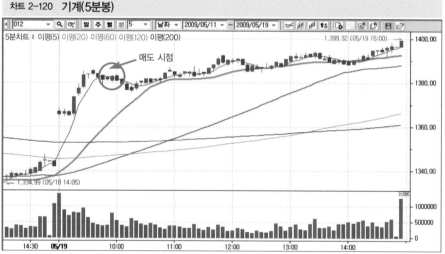

차트 2-120 **기계(5분봉)**

매도 시점

시초가에 갭상승으로 출발한 뒤 장대양봉으로 급등세를 이어가던 중 10시경 음
봉이 출현하며 5선과 데드크로스되거든 상승 기대하지 말고 매도하라. 아래에서 올
라오는 20선을 타고 반등하다가 전고점을 넘지 못하고 횡보한다면 2차 매도 시점
이다.

급등 고점에서 10시경 우하향 5선 하향 돌파하는
음봉 출현 시 초기에 매도하라

차트 2-121 삼성화재(5분봉)

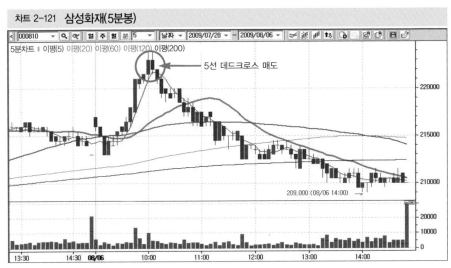

차트 2-122 보험업(5분봉)

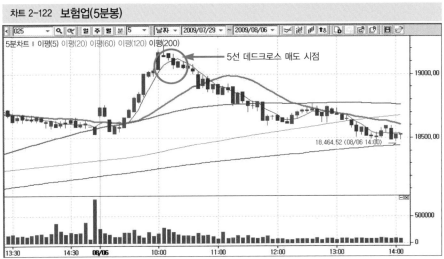

10시경 종목과 업종 차트에서 동시에 우하향 5선 밑에 음봉이 출현하면 하락 초기이므로 매도하라. 시초가 매수 세력에 의해 급등했다가 이익실현 매물이 출회하면서 하락 이어진다.

상승하다 10시경 하락 시작하며
20선과 데드크로스 발생하면 매도하라

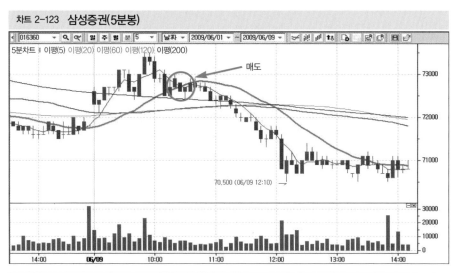

차트 2-123 삼성증권(5분봉)

차트 2-124 증권(5분봉)

　　갭상승으로 출발한 뒤 양봉으로 상승하다 10시경 하락으로 돌아서 20선과 데드크로스되면 보유주 매도하라. 업종 차트에서도 이 시점에 지수 상승 멈추고 20선과 데드크로스 일어나면 상승 기대하지 말고 재매수하지 말라.

10시경 코스피에서 먼저 장대음봉 출현 시
보유주 장대음봉으로 20선 깨면 즉시 매도하라

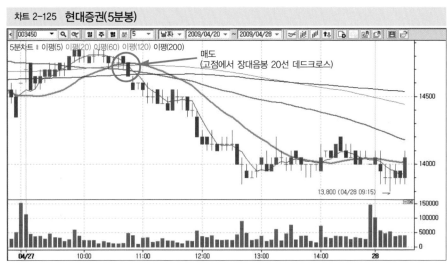

차트 2-125 현대증권(5분봉)

매도
(고점에서 장대음봉 20선 데드크로스)

13,800 (04/28 09:15)

차트 2-126 종합(5분봉)

매도 시점(고점에서 장대음봉)

1,334.02 (04/27 12:55)

시초가부터 상승하다 10시 30분 코스피 지수에서 장대음봉이 출현하였다. 이때
는 즉시 보유주의 시장가 매도를 준비하고 주시해야 한다. 코스피 지수가 20선을
데드크로스할 때 보유주 차트에서도 20선을 데드크로스하는 장대음봉 출현하면 즉
시 매도하고 상승 기대하지 말라.

시초가부터 상승하여 2차 상승 진행되다
2차 고점이 낮아지면 즉시 매도하라

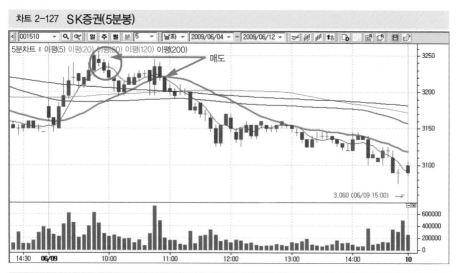

차트 2-127 SK증권(5분봉)

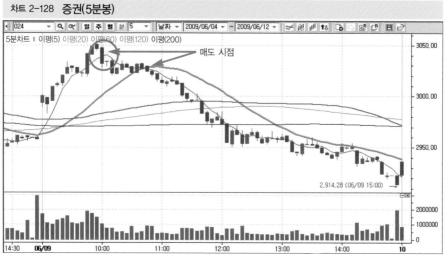

차트 2-128 증권(5분봉)

시초가부터 상승이 진행되어 1차 고점을 만들고 하락하다 반등하여 2차 상승이
진행될 때 2차 고점이 1차보다 낮아지거든 매도하라. 이때 20선과 데드크로스되고
20선이 우하향 시작하면 반드시 매도하라.

시초가 매물벽 저항으로 2차 고점이 낮아지면 매도하라

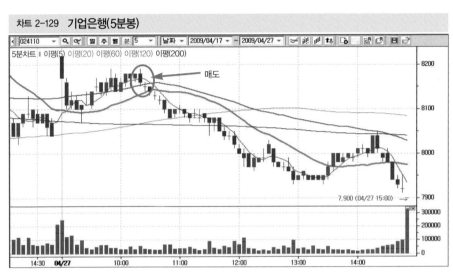

차트 2-129 기업은행(5분봉)

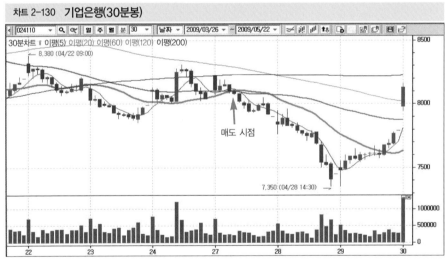

차트 2-130 기업은행(30분봉)

5분봉에서 시초가에 장대음봉 2개가 출현하여 매물벽이 만들어졌다. 이후 반등하고 있지만 고점이 전고점보다 낮다는 것은 매물을 소화하지 못하여 압박을 받는다는 의미이므로 하락밖에 남은 게 없다. 매물벽 뒤 2차 고점이 낮게 출현하거든 초기에 매도하라.

2차 고점에서 60선 저항받고
장대음봉 출현 시 매도하라

차트 2-131 우리금융(5분봉)

차트 2-132 은행(5분봉)

업종과 종목 차트에서 동시에 시초가 갭상승 뒤 음봉 출현하다 20선 지지받고 반
등하여 60선까지 상승 돌파하는 듯 보인다. 하지만 결국 60선 저항받고 장대음봉으
로 되밀리고 있다. 이럴 경우에는 하락폭이 깊어지므로 장대음봉 출현 시 반드시
매도하라.

시초가에 위꼬리나 장대음봉 출현 뒤 횡보하다
10시경 우하향 시작하면 즉시 매도하라

차트 2-133 POSCO(5분봉)

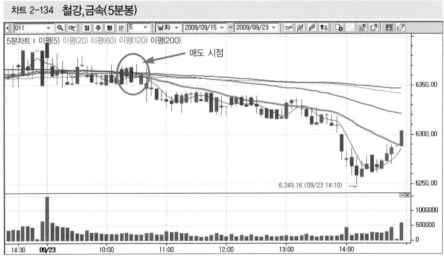

차트 2-134 철강,금속(5분봉)

시초가에 위꼬리나 장대음봉이 출현하면 매도 물량이 이어져 음봉이 계속되기 쉽다. 서서히 음봉 출현하다 20선이 아래로 기울기 시작하면 신속 매도하라. 업종 차트를 참고할 때도 마찬가지로 횡보하다 하락 이격이 확대되기 시작하는 초기가 매도 시점이다.

시초가부터 3차 상승 진행된 고점에서
10시경 첫 음봉 출현 시 매도하라

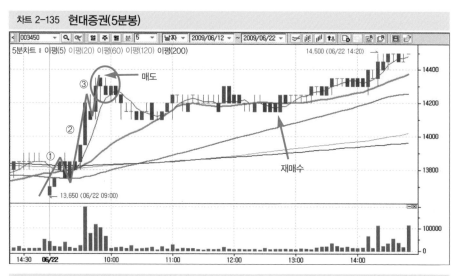

차트 2-135 현대증권(5분봉)

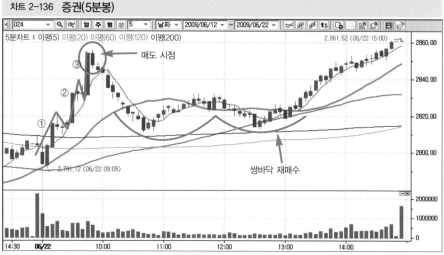

차트 2-136 증권(5분봉)

　시초가부터 가파르게 올라 3차까지 상승이 진행된 시점에서 음봉이 출현하면 고점 징후로 봐야 한다. 3차 상승 후 음봉 출현 시는 즉시 매도하되 이후 주가와 20선의 교차를 주시해야 한다. 주가와 20선이 만나는 시점에서 데드크로스가 일어나면 관망하고, 20선이 지지되거나 쌍바닥 출현 시 재매수하라.

시초가부터 우하향하다 장대양봉 출현 시
3개째에서 상승 멈추는 순간 시장가 매도하라

차트 2-137 유진투자증권(5분봉)

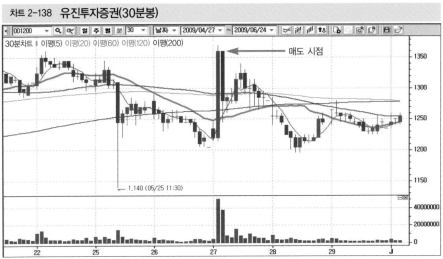

차트 2-138 유진투자증권(30분봉)

5분봉에서 장대양봉이 세 번째 출현하면 고점이므로 미리 시장가 매도 준비를 해놓고 주시하다 첫 음봉 출현 즉시 매도하라. 30분봉에서 20선이 상승으로 확실히 돌아서지 못하고 횡보 중이므로 상승을 기대하지 말고 급등 고점에서 매도하라.

장대양봉+단봉 패턴이 3개째 출현 시
고점을 예상하고 매도하라

차트 2-139 현대산업(5분봉)

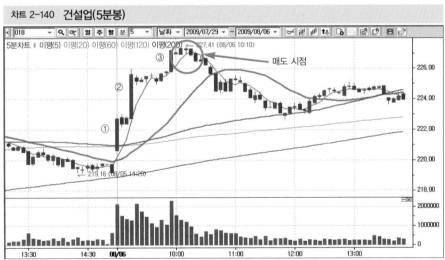

차트 2-140 건설업(5분봉)

종목과 업종 차트에서 동시에 장대양봉+단봉 패턴이 세 번째 출현하면 고점이므로 매도하라. 고점에서 단봉 횡보는 하락 신호다.

시초가부터 상승하여 10시경
고점에서 횡보 시는 매도하라

차트 2-141 POSCO(5분봉)

차트 2-142 POSCO(30분봉)

5분봉에서 시초가부터 급등한 후 긴 위꼬리 음봉 출현하면서 횡보하면 1차 매도
하고 20선과 데드크로스되면서 하락 시 2차 매도하라. 급등 고점에서는 언제라도
차익 실현 매물이 쏟아질 수 있다. 30분봉에서 볼 때도 60선이 우하향 중이므로 상
승을 기대하지 말고 재매수하지 말라.

시초가에 갭상승 후 양봉으로 상승하다
이평선 저항으로 횡보 시 매도하라

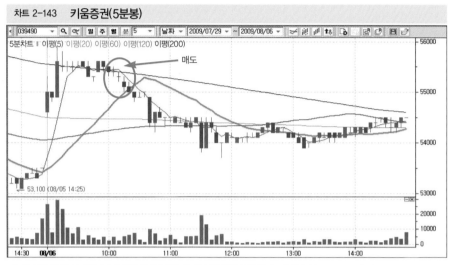

차트 2-143　키움증권(5분봉)

차트 2-144　증권(5분봉)

　　종목과 업종 차트에서 동시에 이평선 저항으로 상승 멈추고 횡보하면 매도하라.

저항선에 밀려 주가가 20선과 데드크로스할 경우는 반드시 매도하라. 20선까지 이

후 장기 이평선 저항받고 하락 시 하락 계속된다.

시초가부터 수직 상승 중 200선 저항받고
도지+장대음봉 출현 시 초기에 매도하라

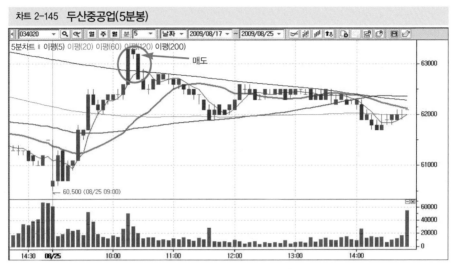

차트 2-145　두산중공업(5분봉)

차트 2-146　기계(5분봉)

갭하락으로 시작했으나 장대양봉이 연속되며 상승 중 200선 저항에 부딪혀 도지와 장대음봉 출현하며 하락하기 시작하면 초기에 매도하라. 고점에서 도지 출현은 매수세가 더 이상 매도세를 압도하지 못한다는 뜻이며 이어진 장대음봉은 매도세의 승리를 뜻한다.

우하향 중인 200선 밑에서 주가 상승하다
5선과 데드크로스되는 음봉 출현 시 매도하라

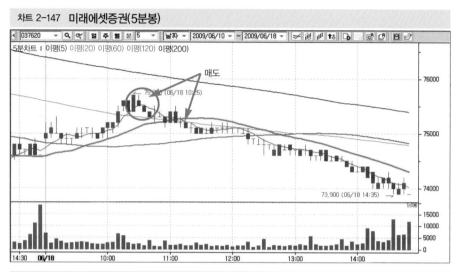

차트 2-147 미래에셋증권(5분봉)

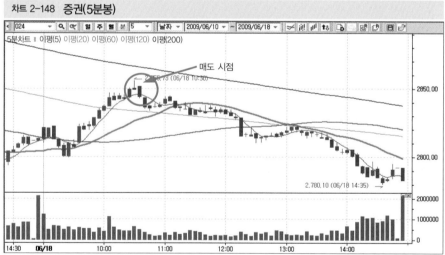

차트 2-148 증권(5분봉)

　　업종 차트에서 10시 40분 도지+갭하락 음봉 출현할 때 종목에서도 위꼬리+음봉
출현한 것은 하락 신호다. 서둘러 매도해야 하며, 주가와 20선 데드크로스되는 시점
에서는 기필코 매도하라. 200선이 위에서 내려오고 있으므로 상승 기대할 수 없다.

09

1시 30분 전후 매매 1 하락 중 상승 전환 패턴

핵심요약

1 초가부터 계속 하락하다가 1시 30분 전후 세력이 매수를 시작하고 개인이 가세하면서 상승 이 시작된다.

2 5분봉상 종목 차트가 코스피나 업종 차트와 같이 계속 하락하다 1시 30분 전후 쌍바닥 출현 하고 2차 저점이 우상향 20선과 골든크로스 시 상승한다.

3 5분봉상 종목 차트가 코스피나 업종 차트와 같이 1시 30분 전후 3차 하락 저점에서 도지, 단봉 횡보, 긴 밑꼬리, 역망치 출현 시 상승한다.

4 5분봉상 종목 차트가 코스피나 업종 차트와 같이 급락 뒤 3~4시간 횡보하면서 이평선 수렴 된 시점에 장대양봉 출현하면 상승한다.

5 5분봉상 종목 차트가 코스피나 업종 차트와 같이 계속 우하향 횡보 중 갑자기 전고점 돌파 하는 장대양봉 출현하면서 상승한다.

시초가 매매를 마무리하고 물러나 있던 덩치 큰 세력들이 다시 시장으로 돌아오 는 시간대가 장 마감 1~2시간 전이다. 주변국 지수나 당일 코스피 흐름을 보며 물 량을 더 내보내거나 확보하거나를 결정한다. 이런 대규모 자금에 의해 주가는 다시 변동성이 커지게 되며 개인들의 매수, 매도가 가세됨으로써 등락폭이 더 심해진다.

우하향 횡보를 계속하던 주가가 쌍바닥을 만들거나, V자 급등이 시작되거나, U 자 패턴 또는 ∪(둥근바닥)을 그리면서 상승하거나, 장시간 횡보 뒤 급등하는 ⌐ (반전 니은)자 패턴을 만들었다면 자신 있게 매수에 나서도 된다. 이러한 패턴들은 모두가 가격조정과 기간조정을 충분히 거쳤기 때문에 상승 신뢰도가 높다.

이러한 상승 패턴들은 개인들이 아니라 세력들이 주체가 되어 완성된다. 그러므 로 항시 기관이나 외국인 투자가들의 매매 동향 지표를 띄워놓고 이들이 매수를 중

가시켜 가는지 주시해야 한다.

　1시 30분 전후 매매에서는 종목과 업종의 5분봉을 동시에 보거나 같은 종목의 5분봉과 30분봉을 동시에 보면서 추세를 비교하는 것이 유리하다. 30분봉에서 20, 60선이 우상향할 경우 상승 가능성이 높고, 두 선이 우하향할 경우는 하락 가능성이 높다. 두 선이 횡보할 경우에는 관망해야 한다. 횡보 기간이 얼마나 될지 알 수 없기 때문인데, 횡보가 마무리되어 상향으로 돌아서면 전고점을 돌파하면서 큰 상승폭을 보일 수 있다.

우하향 횡보하다 갑자기 출현하는
첫 장대양봉 매수하라

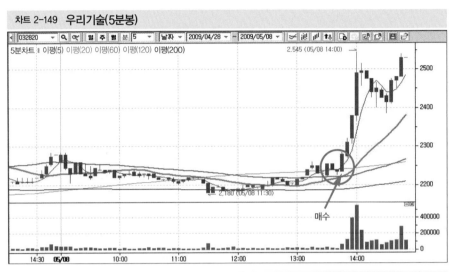

차트 2-149 우리기술(5분봉)

차트 2-150 우리기술(30분봉)

5분봉에서 옆으로 누운 200선에 지지받고 전고점 상승 돌파 첫 장대양봉 매수하라. 30분봉에서 20선이 우상향 중이므로 상승을 예상하고 전고점 돌파 시점에 매수하여 홀딩하라.

우하향 횡보하다 갑자기 장대음봉 출현 시
직후 양봉 매수하라

차트 2-151 KG케미칼(5분봉)

차트 2-152 화학(5분봉)

　　우하향 횡보 중 1시 이후 갑자기 장대음봉 출현 시 주시하다 첫 양봉 매수하라.

업종 차트를 함께 보면서 매수 시점 포착하라. 우하향 횡보 중 장 후반의 갑작스런

장대음봉 출현은 세력이 개인 투자자들을 털어내고 상승하기 위한 것이다.

장기 횡보 중 수렴된 이평선 지지받고
역망치와 양봉 밀집되면 매수하라

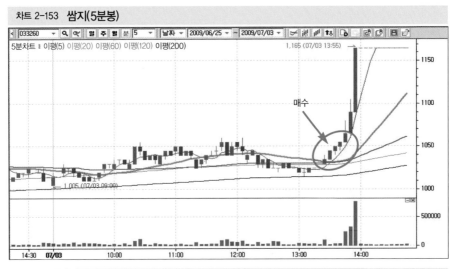

차트 2-153 쌈지(5분봉)

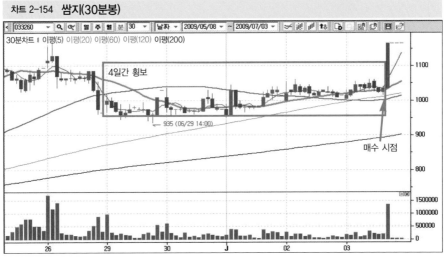

차트 2-154 쌈지(30분봉)

몇 시간 동안 횡보하다 20, 60, 120선이 수렴된 선을 타고 역망치가 출현하면 상
승을 예상할 수 있다. 계속해서 단양봉 출현하거든 초기에 매수하라. 30분봉에서
볼 때 20선이 60선과 골든크로스 뒤 우상향 추세이므로 상승이 예상된다.

하락 후 쌍바닥을 형성하고
2차 저점 이후 장기 이평선 골든크로스하면 매수하라

차트 2-155 POSCO(5분봉)

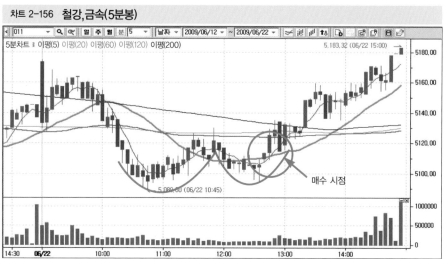

차트 2-156 철강,금속(5분봉)

시초가 장대음봉 출현 뒤 하락하다 쌍바닥이 완성되고 2차 저점 이후 우상향 20

선 지지받고 상승하면 초기에 매수하라. 1~3차 상승하는 동안 홀딩하라.

쌍바닥 2차 저점 이후 장기 이평선과 골든크로스하고
20선과 60선 골든크로스되면 2차 매수하라

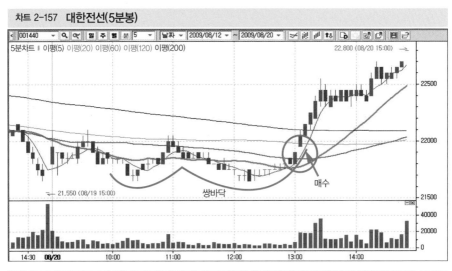

차트 2-157 대한전선(5분봉)

차트 2-158 종합(5분봉)

종목과 종합 차트에서 동시에 쌍바닥 출현 뒤 모든 이평선을 골든크로스하면서

상승하면 매수하라. 우상향 20선 지지받고 상승하는 동안 홀딩하라.

3차 하락 뒤 저점에서 상승반전 패턴 출현 시 매수하라

차트 2-159 휴켐스(5분봉)

차트 2-160 휴켐스(30분봉)

 3차 하락 저점에서 상승반전 패턴이 출현하면 상승 시작되므로 매수하라. 30분 봉에서 볼 때 박스권이므로 절대 추격매수는 하지 말고 저점에서 매수하라.

급락 뒤 단봉 횡보 중 20선 골든크로스하는 양봉 매수하라

차트 2-161 금호전기(5분봉)

차트 2-162 금호전기(30분봉)

5분봉으로 볼 때 초기에 하락한 뒤 횡보하다 20선과 골든크로스가 발생하면 매수하라. 이 시점을 30분봉으로 확인하면 20선과 60선이 확실히 상승으로 돌아서지 못했으므로 종가에 매도하고 보유하지 말라.

하락 횡보 중 장대양봉이 20선과 골든크로스하면 매수하라

차트 2-163 삼성SDI(5분봉)

차트 2-164 전기,전자(5분봉)

　종목과 업종 차트에서 동시에 하락 횡보 중 20선과 골든크로스 일어나면 매수 시점이다. 이후 20선이 우상향 60, 120선과 골든크로스하면서 주가를 지지하면 홀딩하라.

하락 횡보 중 20선과 골든크로스하고
20, 60선 골든크로스되면 홀딩하라

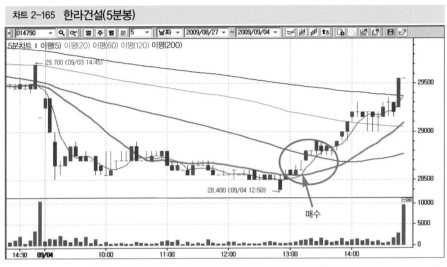

차트 2-165 한라건설(5분봉)

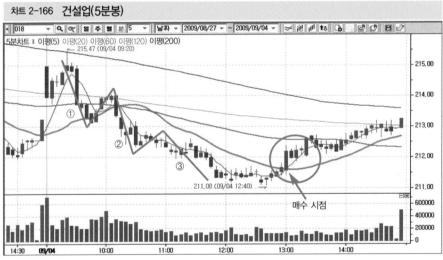

차트 2-166 건설업(5분봉)

시초가에 급락한 뒤 4시간 횡보 중 20선과 골든크로스 일어나면 매수하라. 그리고 20선과 60선의 골든크로스 후 20선 우상향 이어지면 홀딩하라. 업종 지수도 3차 하락 뒤 횡보하다 종목과 같은 시간에 20선과 골든크로스하는 양봉 발생하면 상승 이어진다.

5시간 횡보 뒤 양봉 연속 출현하며 120선 골든크로스하고
동시에 우상향 20, 120선 골든크로스 시 매수하라

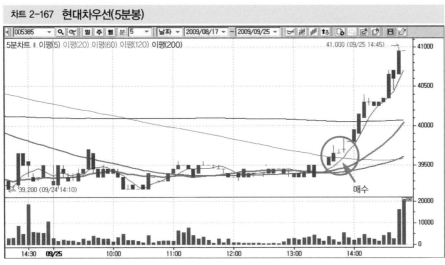

차트 2-167   현대차우선(5분봉)

차트 2-168   종합(5분봉)

　　5시간 수평 횡보 뒤 양봉이 연속 출현하면서 우상향 20선이 120선과 골든크로스
하면 매수하라. 종합 차트에서도 5시간 동안 횡보 중 장대양봉 출현하고 20선과 60
선이 골든크로스하면서 상승 이어진다.

횡보하다 200선 저항 돌파하고
전고점 상승 돌파 시 매수하라

차트 2-169 삼성증권(5분봉)

전고점 상승 돌파 매수

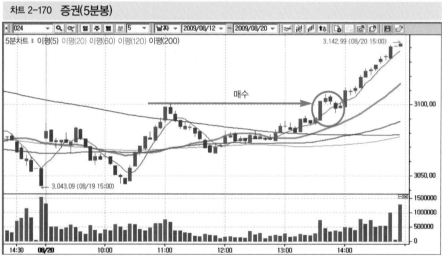

차트 2-170 증권(5분봉)

매수

종목과 업종 차트에서 똑같이 200선 저항받다가 상승 돌파 시 매수하라. 이후 전

고점까지 상승 돌파하면 더욱 확실한 매수 시점이다.

장시간 우하향 횡보하다 갑자기 전고점 돌파하는
장대양봉 출현 시 매수하라

차트 2-171 한화(5분봉)

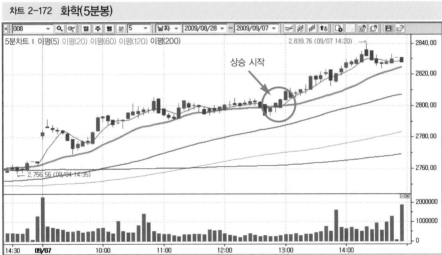

차트 2-172 화학(5분봉)

5분봉에서 시초가부터 우하향 횡보하다 1시 45분경 거래 급증한 장대양봉 출현 시 매수하라. 업종 차트를 보면 1시부터 상승이 시작되었으므로 종목도 상승이 예 상된다. 업종 차트가 먼저 상승하면 종목도 상승할 것을 예상하라.

10

1시 30분 전후 매매 2 상승 중 하락 전환 패턴

핵심요약

1 시초가부터 계속 상승하다가 1시 30분 전후 세력의 매도 물량이 쏟아지고 개인 매도세가 합세하면서 급락한다.

2 5분봉상 종목 차트가 코스피나 업종 차트와 같이 1시 30분 전후 시초가 갭상승 가격대에 이르러 저항받으면 급락한다.

3 5분봉상 종목 차트가 코스피나 업종 차트와 같이 1시 30분 전후 3차 상승 고점에 도달하여 도지나 단봉 횡보, 긴 위꼬리, 장대음봉, 갭하락 음봉 출현하면 하락한다.

4 5분봉상 종목 차트가 코스피나 업종 차트와 같이 1시 30분 전후 고점에서 쌍봉 출현하거나 2차 고점이 낮아지면 하락이 시작된다.

5 5분봉상 종목 차트가 코스피나 업종 차트와 같이 상승 계속되다가 1시 30분 전후 고점에서 모든 이평선 일시 데드크로스하는 장대음봉 출현하면 급락한다.

주변국 장세가 약세일 때 코스피의 오후 장세도 영향을 받는다. 중국 상하이 지수나 일본 니케이 지수, 대만 가권 지수 등이 약세로 돌아서면 코스피 지수도 하락세로 돌아서게 되므로 주변국 지수 추이를 항시 확인하고 미리 대처해야 한다.

상승하다 1시 30분 전후 하락하는 대표적인 패턴은 ① 전고점 있고 20, 60선 우하향 시작 ② 3차까지 상승 진행된 고점 ③ 쌍봉 또는 전고점보다 2차 고점이 낮은 경우 ④ 상승 고점에서 단봉 횡보 ⑤ 상승 고점에서 모든 이평선 데드크로스하는 장대음봉 출현 등이 있다.

계속 상승하던 주가가 1시 30분 전후 고점에서 급락이 시작되는 이유는 세력들이 이익실현을 위해 물량을 쏟아내기 때문이다. 하락하는 주가에 놀라 개인들의 매도 물량까지 출회되면서 급락이 진행된다. 3차 상승 고점에서나 급등 고점에서는 항시 이익실현 욕구가 강해진다는 사실을 알아야 한다. 그 영향으로 일단 음봉이 출현하면 단기 이평선의 데드크로스가 일어나고 연이어 장대음봉이 출현하면서 장기 이평선까지 데드크로스되어 급히 하락한다.

따라서 양봉이 연속 출현하면서 상승이 이어지다가 고점에서 도지가 출현하거나 단봉 횡보가 이어지면 매수 세력의 힘이 약해지고 있다는 신호임을 알고 장대음봉이 출현하기 전에 매도해야 한다. 고점이 차차 낮아지면서 여러 이평선의 저항을 뚫지 못하고 하락이 시작되면 필연적으로 급락한다.

1시 30분 전후 상승 고점에서 쌍봉이 출현하거나 고점이 전고점보다 낮아지면 신속 매도하라. 전고점이 있고 20, 60선이 우하향 시작하면 신속 매도하고 중간에 반등 양봉이 출현해도 조급하게 따라잡지 말라. 이미 장 마감에 가까우므로 추세를 되돌릴 만한 시간적 여유가 없다.

1시경 상한가 치면
손실제한주문 설정하라

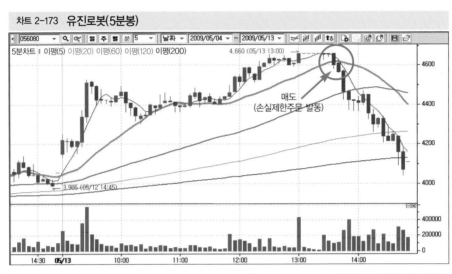

차트 2-173 유진로봇(5분봉)

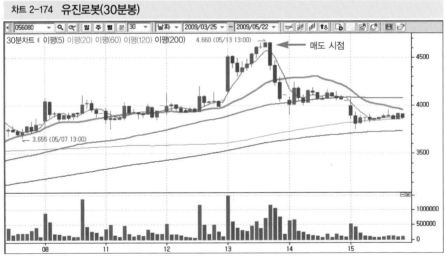

차트 2-174 유진로봇(30분봉)

상승하다 1시경 상한가에 도착하면 상한가에서 1~2% 낮은 가격에 손실제한주문을 설정하라. 한두 호가의 움직임이라면 상한가 재안착을 기대할 수 있지만 1~2%까지 내려오면 급락 가능성이 있으므로 자동 매도되도록 해놓아야 한다.

1시경 3차 상승 고점에서 출현한 장대양봉이
200선 저항으로 위꼬리 만들면 초기에 매도하라

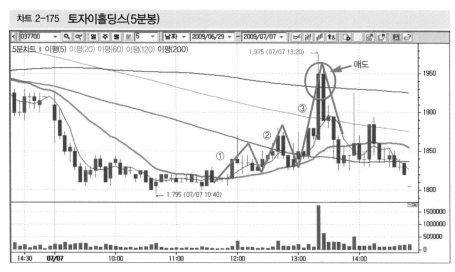

차트 2-175　토자이홀딩스(5분봉)

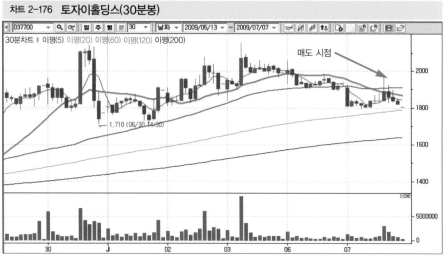

차트 2-176　토자이홀딩스(30분봉)

　　하락 횡보하다 1~3차 상승 중 우하향 200선 저항받고 장대양봉이 위꼬리 만들기 시작하면 초기에 매도하라. 30분봉상으로도 20선 우하향하면서 60선과 데드크로스되므로 하락을 예상하라.

3차 상승 고점에서 200선 저항받고
장대음봉 출현 시 신속 매도하라

차트 2-177 삼성증권(5분봉)

차트 2-178 종합(5분봉)

　　종목과 종합 차트를 함께 주시하라. 코스피 지수가 3차 상승 고점에서 200선 저항받고 갑자기 장대음봉 출현 시 보유 종목에서도 동시에 장대음봉 출현하면 신속 매도하라. 3차 하락 시까지 매수하지 말라.

1시경 상승 고점에서 도지+장대음봉 출현 시 매도하라

차트 2-179 POSCO(5분봉)

차트 2-180 철강,금속(5분봉)

종목과 업종 차트상 동시에 1시경 고점에서 도지와 장대음봉이 출현하면 하락 깊어진다. 고점에서 도지 출현은 매도 신호다.

세 번째 반등 시점에서 수렴된 제반 이평선 저항받으면 급락한다

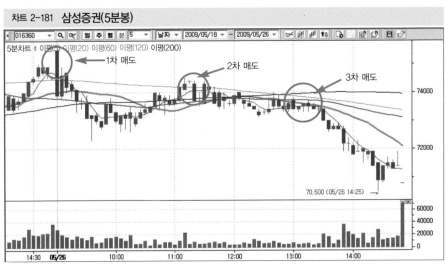

차트 2-181 삼성증권(5분봉)

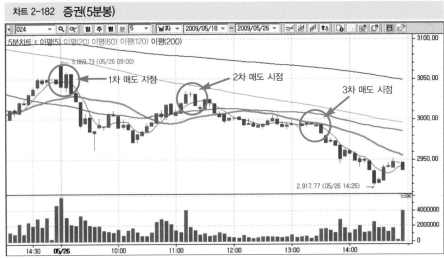

차트 2-182 증권(5분봉)

위의 삼성증권 차트에서는 매도 신호가 다음과 같이 계속되고 있다. 1차 갭상승 장대음봉 하락(매도), 2차 반등하다 200선 저항받고 하락(매도), 3차 모든 수렴된 이평선 저항받고 하락(매도). 3차에도 매도하지 못하면 급락 면할 수 없다.

세 번째 하락이 수렴된 제반 이평선 저항받고 진행되면 급락한다

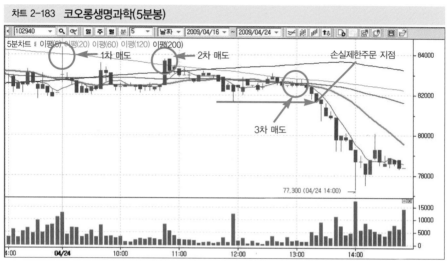

차트 2-183 **코오롱생명과학(5분봉)**

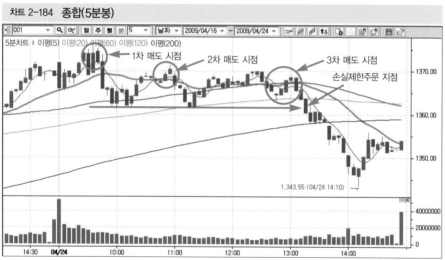

차트 2-184 **종합(5분봉)**

20선이 수평 횡보하고 200선이 위에서 우하향하는 상황에서 주가가 상승과 하락을 반복한다면 전저점 가격에 미리 손실제한주문을 설정해놓고 주시하라. 하지만 손실제한주문에 의지하기보다 모든 이평선 수렴 시점에 장대음봉 출현하면 즉시 매도하라.

위에서 200선이 우하향하고 세 번째 반등 실패하면 급락한다

차트 2-185 대우증권(5분봉)

차트 2-186 증권(5분봉)

　　종목과 업종 차트에서 동시에 200선이 위에서 내려오고 있고 반등 시도가 번번이 무산되고 있다. 세 번째 반등이 이평선 저항으로 실패하면 급락 이어지니 초기에 매도해야 한다.

횡보 중 위꼬리와 모든 이평선을 일시에 데드크로스하는
첫 장대음봉 매도하라

차트 2-187 **쌍용차(5분봉)**

차트 2-188 **쌍용차(30분봉)**

시초가부터 하락 횡보 뒤 반등하였으나 수렴된 이평선의 저항으로 상승이 지속

되지 못하는 모습을 차트에서 확인할 수 있다. 이런 상황에서 위꼬리는 매도 압력

을 의미하며 장대음봉이 이어지면 폭락한다.

상승 횡보 중 2시 이후 20, 60선 데드크로스하는 첫 장대음봉 매도하라

차트 2-189 POSCO(5분봉)

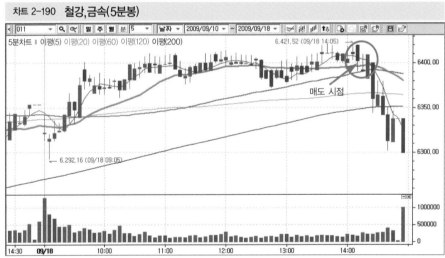

차트 2-190 철강,금속(5분봉)

장 초반에 상승한 뒤 고점에서 계속 횡보하다 20, 60선이 데드크로스되고 두 이 평선을 일시에 깨고 내려가는 첫 장대음봉이 출현하면 즉시 매도하라. 특히 2시 이 후 첫 장대음봉은 급락 시작이며 주가 회복의 시간적 여유가 없다.

1시경 전고점보다 낮은 고점 출현하면 하락한다

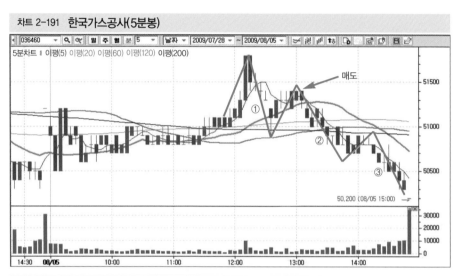

차트 2-191 한국가스공사(5분봉)

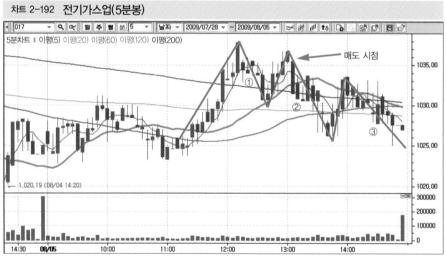

차트 2-192 전기가스업(5분봉)

　오후 들어 상승 재개하는 중에 1차 상승 후 조정받고 2차 상승할 때 전고점에 못 미쳐 꺾이면 하락한다. 상승 기대하지 말고 즉시 매도하라.

시초가 상승 고점과 1시경 재상승 고점이 쌍봉을 형성할 경우 즉시 매도하라

차트 2-193 KB금융(5분봉)

차트 2-194 KB금융(30분봉)

시초가 고점 찍고 연속 하락 횡보하다 재상승하여 1시경 쌍봉이 되면서 음봉 출현하면 하락 예상하고 즉시 매도하라. 30분봉에서 볼 때 20선이 우하향 중이므로 상승을 기대하지 말고 쌍봉에서 음봉 출현 즉시 매도하라.

시초가 갭상승 고점과 1시경 재상승 고점의 쌍봉이
업종과 종목에서 동시 출현할 경우 반드시 매도하라

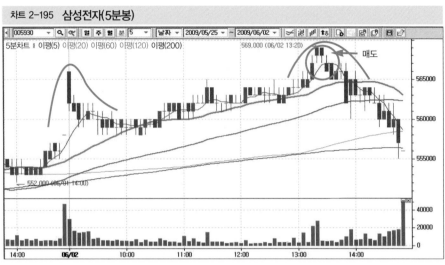

차트 2-195 삼성전자(5분봉)

차트 2-196 전기,전자(5분봉)

　　시초가에 갭상승한 뒤 하락하다 20선의 지지를 받고 횡보하거든 이후 추이를 지켜보라. 다시 상승이 시작되었지만 1시경 업종과 종목 차트에서 동시에 시초가 고점을 뛰어넘지 못하고 쌍봉이 형성되면 20선 데드크로스 시점에는 반드시 매도하라.

1시경 200선 저항으로 전고점보다 낮은 고점 출현하면 음봉 초기에 매도하라

차트 2-197 SK케미칼(5분봉)

차트 2-198 SK케미칼(30분봉)

　　5분봉에서 시초가 갭상승으로 출발했지만 음봉으로 모든 이평선을 데드크로스하면 매도하고 매수는 하지 말라. 하락 후 상승하다 1시경 200선 저항받고 쌍봉 하락 시 보유주가 있다면 신속 매도하라. 30분봉에서 볼 때 20선이 우하향하므로 매수하지 말고 보유주는 20선 데드크로스 시점에 매도하라.

1시경 200선 저항으로 쌍봉이 출현하면
하락 초기 매도하라

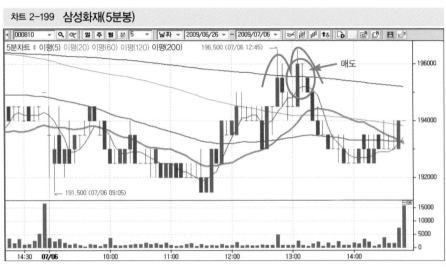

차트 2-199 삼성화재(5분봉)

차트 2-200 삼성화재(30분봉)

　　상승 중 우하향하는 200선 저항받고 쌍봉이 출현하면 즉시 매도하라. 30분봉에

서 볼 때 20선이 우하향하면서 60선과 데드크로스되므로 하락을 예상하고 신속 매

도해야 한다.

11

실전 최적 종가 매수 패턴 23선

핵심요약

1 주변국과 코스피의 지수 동향을 먼저 보라.
   - 코스피가 3~4일간 하락하였고(그중 하루는 1% 이상 하락) 마지막 음봉에 밑꼬리가 출현할 것
   - 미국 다우 지수가 3~4일간 하락하였고(그중 하루는 1% 이상 하락) 마지막 음봉에 밑꼬리가 출현할 것
   - 중국, 일본, 대만 증시가 종가에 상승할 것
   - 오전보다 오후에 나스닥 선물지수가 더 상승하여 마감할 것
2 월봉 각 파동 초기이자 주봉 1파 상승 초기 종목을 선택하라.
3 일봉상 장기 횡보 중 이평선 수렴 뒤 첫 장대양봉 출현 종목이나 N자 상승 중 조정 저점(주가와 20선 수렴 시점)에서 도지, 역망치, 밑꼬리 출현 시 거래 급감 종목을 매수하라.
4 신고가 계속 갱신하면서 전고점 없고 종가 최고가인 종목을 매수하라.
5 우상향 5선 타는 상승 초기이며 우상향 20, 60선이 지지해주는 종목을 매수하라.

종가 매수는 첫째 지수 환경, 둘째 상승 패턴 출현이라는 두 가지 조건이 충족될 경우에만 하는 것이 리스크를 피하며 수익 내는 길이다.

코스피와 다우 지수가 3~4일간 하락하여 상승이 기대되는 시점이라든지 주변국 증시가 상승세를 타고 있고 상승을 주도하는 상승 업종이 출현하면서 나스닥 선물지수가 오후에 더 상승 마감하면 익일 상승을 기대할 수 있다. 그러나 코스피와 다우 지수가 3~4일간 연속 상승했으며 당일 오후에 하락 마감되면 종가 매수보다는 익일 시초가 갭하락 시 저가에 매수하는 것이 좋다. 오전보다 오후 선물지수가 하락하고 주변국 지수가 약세로 마감될 경우는 코스피 역시 익일 상승을 기대할 수

없다. 전일 코스피가 큰 폭 상승했다면 오늘은 쉬어간다고 생각할 수 있다.

주가와 20선 이격이 10% 이상으로 급등 고점에 있는 종목은 종가에 매수하지 말라. 만약 장대양봉 출현주를 종가 매수했다면 익일에는 갭상승 뒤 음봉 하락하는 경우가 많으므로 이때는 음봉 초기에 매도해야 하며, 보합이나 갭하락으로 출발하여 양봉이 출현하고 몸통이 커지면 홀딩한다.

장 마감에 임박하여 쌍바닥이나 갭하락 역망치, 상승반전 패턴 출현주가 익일 상승 가능성이 높다. 분봉상 최고가로 마무리되는지를 확인하고 종가 매수한다. 분봉으로 매수 시점을 포착하되 우상향 20, 60선 지지되고 2시 45분 위꼬리 없이 상승하거든 종가 매수하라.

그리고 개인이 많이 보유한 종목보다 기관이나 외국인 투자자가 꾸준히 매수를 증가시켜가는 종목을 선택해야 한다. 요즘에는 기관이 매수하는 종목이 상승하기 때문에 기관 매매 동향을 특히 주시하여야 한다.

일봉상 전고점 상승 돌파하면서
최고가 마감주 종가 매수하라(장대양봉)

차트 2-201 한국베랄(10분봉)

최고가 마감 종가 매수

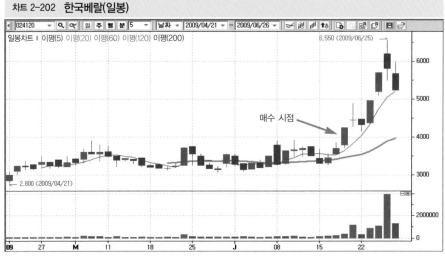

차트 2-202 한국베랄(일봉)

매수 시점

일봉상 전고점을 상승 돌파하며 이를 유지한 채로 최고가에서 밀리지 않으면 종

가에 매수하라.

일봉상 전일 고점 상승 돌파하며
당일 최고가 마감 시 종가 매수하라(망치형)

차트 2-203   로케트전기(10분봉)

최고가 마감 종가 매수

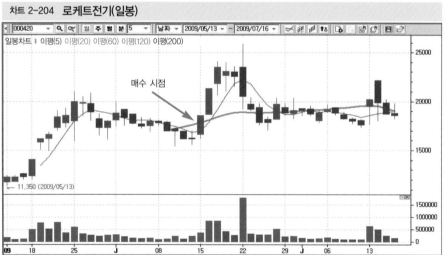

차트 2-204   로케트전기(일봉)

매수 시점

분봉으로 볼 때 시초가에 밀렸지만 상승으로 돌아서 양봉이 된 뒤 상승 지점에서 5시간 동안 수평 횡보하면 주시하라. 전일 고점을 돌파하며 당일 최고가로 마감하면 익일 상승하므로 종가 매수하라.

일봉상 쌍역망치 출현주 종가 매수하라

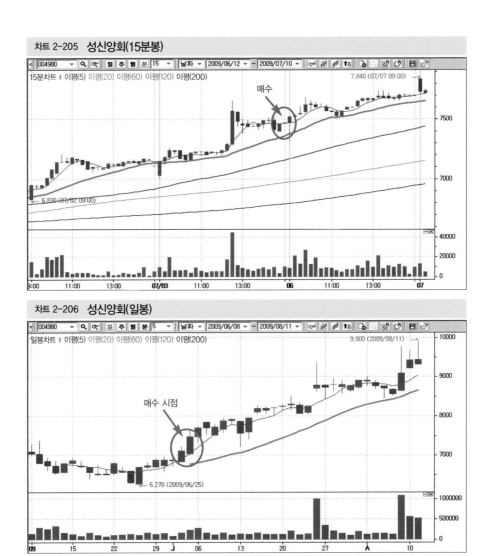

차트 2-205 성신양회(15분봉)

차트 2-206 성신양회(일봉)

첫 역망치보다 두 번째 역망치가 더 크고 상단에서 출현 시 익일 상승이 예상된다.

일봉상 역망치+망치 출현주 종가 매수하라

차트 2-207 **액토즈소프트(15분봉)**

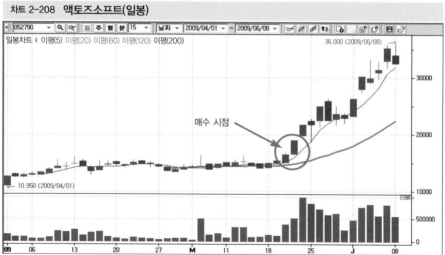

차트 2-208 **액토즈소프트(일봉)**

저점에서 20선 지지받고 상승반전 패턴(역망치형+망치형) 출현하면 익일 상승
한다.

일봉상 역망치+도지 출현주 종가 매수하라

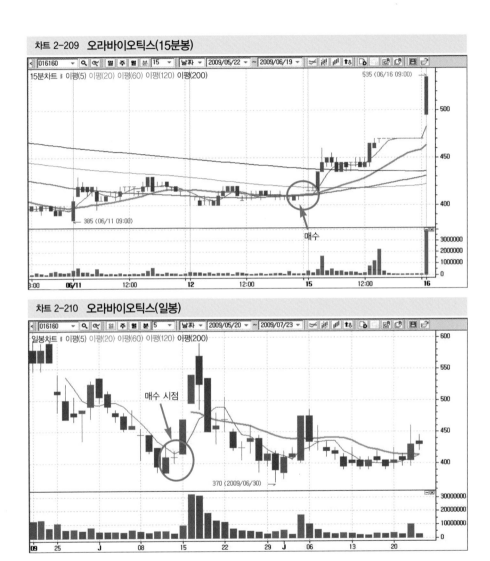

차트 2-209 **오라바이오틱스(15분봉)**

차트 2-210 **오라바이오틱스(일봉)**

저점에서 역망치에 이어 도지 출현할 때 도지가 역망치 위꼬리 부분에 위치하면 종가에 매수하라. 익일 상승한다.

일봉상 장대음봉 이어지다 갭하락 양봉 도지 출현주
종가 매수하라

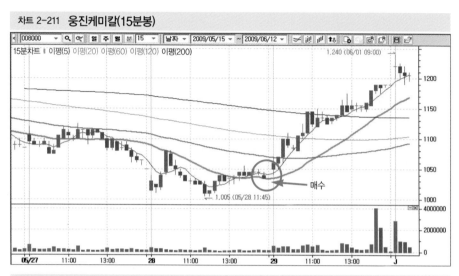

차트 2-211 웅진케미칼(15분봉)

차트 2-212 웅진케미칼(일봉)

　　장대음봉으로 연속 하락 중 갭하락 양봉 도지가 출현하면 상승으로 반전할 확률

이 높다. 익일 장대양봉이 출현하며 샛별형이 완성된다.

일봉상 장대음봉으로 폭락하다 도지 출현주 종가 매수하라

차트 2-213 삼성중공업(15분봉)

차트 2-214 삼성중공업(일봉)

연속 장대음봉 출현 중 도지가 등장했다는 것은 거세던 매도 세력의 힘이 다되었다는 것을 뜻하므로 종가에 매수하라. 익일 상승한다.

일봉상 1일 장대양봉, 2일 음봉인 종목이
3일째에 분봉상 횡보 뒤 수렴 시점 거래 급감하면 종가 매수하라

차트 2-215 한미약품(15분봉)

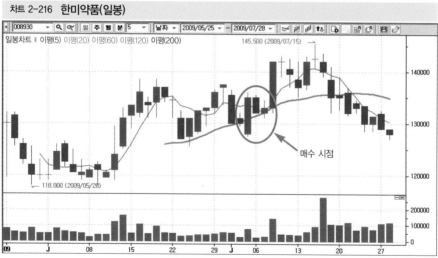

차트 2-216 한미약품(일봉)

　　일봉상 첫 날 크게 상승하고(장대양봉), 둘째 날 약간 하락 마감(음봉)하는데 첫 날 장대양봉의 몸통 상단을 지지하면 셋째 날을 주시하라. 양봉 도지 출현하면서 모든 이평선 수렴 상태로 마감하면 익일 상승한다. 매수 시점은 종가 매수 또는 분봉상 횡보 뒤 거래 급감 시점이다.

일봉상 장대 역망치 뒤 2단봉 출현 시
3일째에 거래 감소하면 종가 매수하라

차트 2-217 KB금융(15분봉)

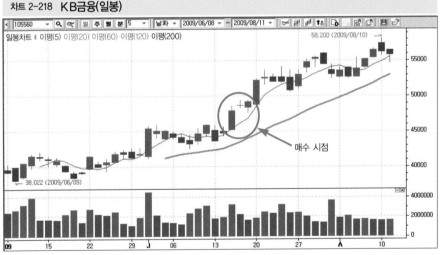

차트 2-218 KB금융(일봉)

 1일 장대 역망치, 2일 도지에 이어 3일째에 단양봉 또는 양봉 망치형이 출현할 때 거래 감소하면 종가에 매수하라. 익일 장대양봉 출현한다.

분봉상 쌍바닥 2차 저점이 20선에 지지되는 주 종가 매수하라

차트 2-219 한섬(10분봉)

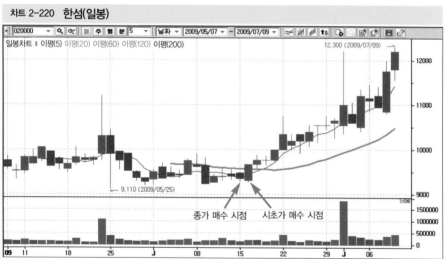

차트 2-220 한섬(일봉)

　　분봉상 장 마감에 쌍바닥이 형성되고 2차 저점이 20선에 지지되면 종가에 매수하라. 익일 시초가에 갭하락하면 2차 매수하라.

분봉상 전고점 상승 돌파하며 최고가 마감 시 종가 매수하라

차트 2-221 에이모션(15분봉)

차트 2-222 에이모션(일봉)

분봉상 5시간 이상 횡보 뒤 전고점을 상승 돌파하며 당일 최고가로 마감 시(일봉 상 장대양봉, 망치형) 종가 매수하면 익일 상승한다.

분봉상 2시 45분 당일 최고가이고
일봉상 밑꼬리가 20선 지지하면 종가 매수하라

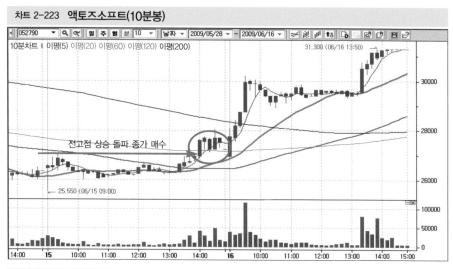

차트 2-223 액토즈소프트(10분봉)

전고점 상승 돌파 종가 매수

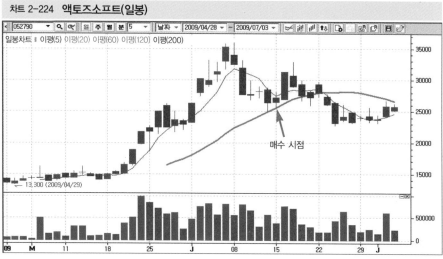

차트 2-224 액토즈소프트(일봉)

매수 시점

분봉상 4시간 이상 횡보 뒤 일중 전고점을 상승 돌파하여 2시 45분에 당일 최고
가인 종목, 일봉상으로 밑꼬리가 20선 지지되면 종가 매수하라. 익일 상승한다.

분봉상 이평선 간격이 일정히 유지되면서
최고가 마감 시 종가 매수하라

차트 2-225 **보령제약(10분봉)**

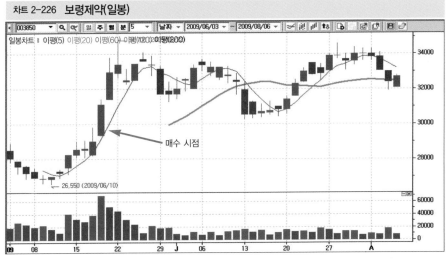

차트 2-226 **보령제약(일봉)**

제반 이평선 특히 우상향 20, 60선의 일정한 이격이 종가까지 유지되고 최고가로 마감하는 종목은 종가 매수하라. 이평선 정배열 및 등간격 시의 주가는 ① 추세선 지지 ② 전저점 지지 ③ 이전에 지지받았던 이평선 20, 60선 지지라는 3가지 지지 선을 갖췄다고 할 수 있다.

분봉상 우상향 20선 지지받으며 2차 상승 후
3차 상승 중에 마감한 종목 종가 매수하라

차트 2-227 하이닉스(10분봉)

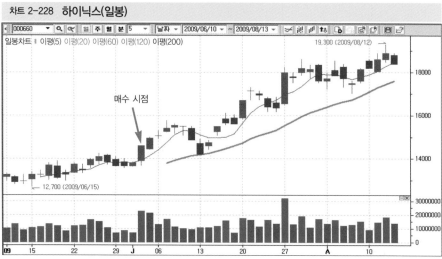

차트 2-228 하이닉스(일봉)

　　시초가부터 20선이 60, 120, 200선을 골든크로스하고 우상향하며 2차까지 상승
이 이뤄진 뒤, 20선 지지받고 3차 상승 진행되다 마감한 종목은 종가 매수하면 익
일 상승한다.

분봉상 하락하다 20선이 60, 120선 골든크로스 뒤 우상향하고
일봉상 20선에 지지되며 긴 밑꼬리 만든 양봉 종가 매수하라

차트 2-229 KB금융(10분봉)

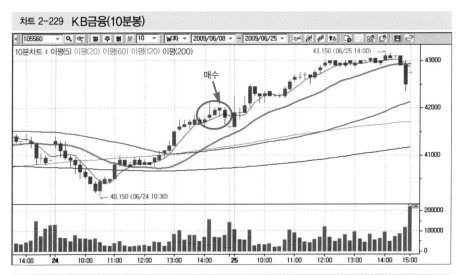

차트 2-230 KB금융(일봉)

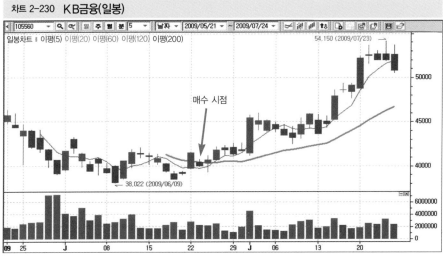

　　분봉상 시초가부터 음봉으로 연속 하락하다 반등을 시작하여 주가가 제반 이평
선을 순차적으로 골든크로스하면서 우상향 진행되면 종가를 주시하라. 2시 30분
전후로 당일 이익실현 매물이 출회될 수 있는데 일봉상 밑꼬리가 길고 20선에 지지
된다면 종가 매수하라.

분봉상 장기 횡보 중 이평선 수렴하고
최고가로 마감 시 종가 매수하라

차트 2-231 **삼성전자(10분봉)**

차트 2-232 **삼성전자(일봉)**

종일 횡보하다가 종가가 최고가일 때 매수하여 보유하면 익일 상승한다. 30분봉에서 20, 60선이 밀착 횡보 중이므로 당일은 상승을 기대할 수 없다. 그러나 일봉상 완만하게 상승하다 횡보하고 있으므로 상승이 가깝다고 볼 수 있다.

분봉상 장 마감에 20선이 장기 이평선들을 골든크로스하며 최고가 마감 시 종가 매수하라

차트 2-233 현대건설(10분봉)

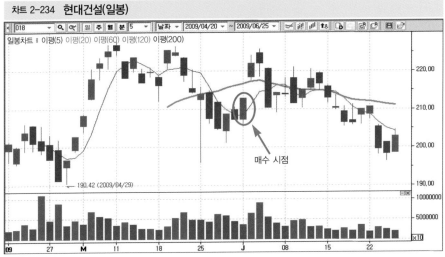

차트 2-234 현대건설(일봉)

분봉상 3시간 이상 수평 횡보하다 20선이 제반 장기 이평선을 골든크로스하고 우상향 중 마감되면 종가 매수하라.

분봉상 20선이 제반 장기 이평선 골든크로스하면서
주가와 이격 유지하는 주 종가 매수하라

차트 2-235 **동아제약(10분봉)**

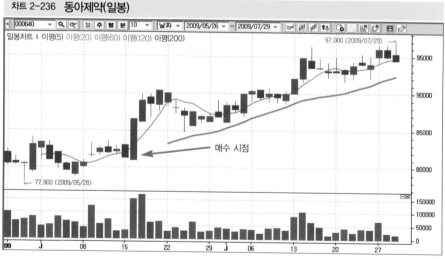

차트 2-236 **동아제약(일봉)**

분봉상 20선이 수렴된 60, 120, 200선을 골든크로스한 뒤 우상향하면서 마감한 종목, 종가가 최고가이면 익일 상승한다.

분봉상 20, 60, 120선 수렴 상태에서 마감한 주 종가 매수하라

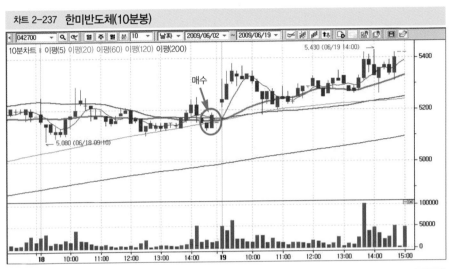

차트 2-237 **한미반도체(10분봉)**

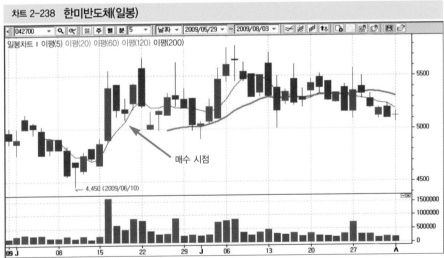

차트 2-238 **한미반도체(일봉)**

　　분봉상 몇 시간 동안 적은 가격폭 안에서 주가가 횡보하다 20, 60, 120선이 수렴 된 상태로 마감하는 종목은 익일 상승한다. 위의 10분봉에서는 수렴된 제반 이평선 을 상승 돌파하는 장대 역망치가 등장하였다.

분봉상 시초가 상승 후 5시간 수평 횡보 중
주가와 20선 수렴되어 마감한 주 종가 매수하라

차트 2-239　삼성테크윈(10분봉)

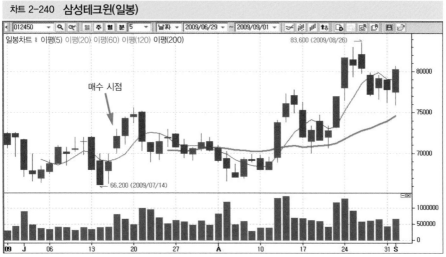

차트 2-240　삼성테크윈(일봉)

　분봉상으로 시초가에 상승한 뒤 그 가격대를 유지하며 5시간 이상 수평 횡보하

다 우상향 20선 수렴된 상태에서 마감한 주 종가 매수하면 익일 상승한다.

분봉상 20선이 장기 이평선 골든크로스 뒤
우상향하면서 주가 지지하는 주 종가 매수하라

차트 2-241 빙그레(10분봉)

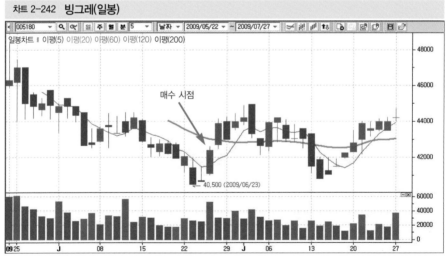

차트 2-242 빙그레(일봉)

분봉상 20선이 120, 200선을 골든크로스한 뒤 우상향하며, 주가를 지지하며 횡보 상태에서 마감하는 주 익일 상승한다.

분봉상 장 후반에 3차 하락이 진행되고
저점에서 거래 급증 장대음봉으로 마감 시 종가 매수하라

차트 2-243 KT(15분봉)

차트 2-244 KT(일봉)

　　장 후반 분봉상으로 음봉이 연속 출현하며 폭락할 때 3차 하락 끝에서 장대음봉이 거래 급증하면서 출현하면 바닥이므로 종가 매수하라. 익일 상승한다. 급등 고점에서 위꼬리와 장대음봉이 거래 급증하면서 출현 시는 상투이므로 하락한다.

장 초반 상한가 진입 종목
마감까지 상한가 유지하면 오버나잇하라

차트 2-245 자티전자(10분봉)

매수
상한가

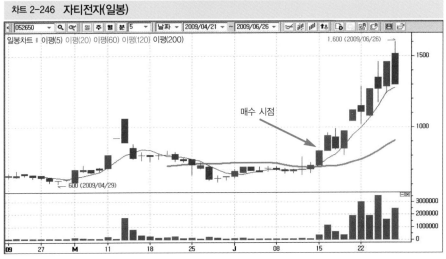

차트 2-246 자티전자(일봉)

매수 시점

일봉상 저점에서 상승을 시작하는 종목이 장 초반 상한가 진입 징후가 보이면 적극 매수하라. 마감까지 상한가 유지하면 오버나잇하라. 익일도 상승한다.

제3부 스캘핑
– 초단기 신호 포착 매매

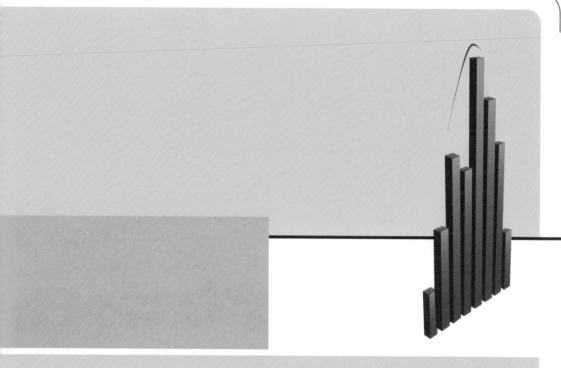

12

초단기 매수, 홀딩 패턴

핵심요약

1 시초가 갭하락 시점이나 3차 하락 저점에서 급등 시작하는 첫 장대양봉 매수하라.

2 3~5시간 횡보 중 갑자기 거래 급증하면서 출현하는 첫 장대양봉 매수하라.

3 테마로 떠오르는 업종 내 전 종목 상승 시 1등 상승주를 매수하라.

4 실적 호전 종목에서 단봉으로 완만하게 상승하다 출현하는 첫 장대양봉 매수하라.

5 호재 출현 종목은 초기에 매수하라.

스캘핑 기법을 실전에 활용하기 전에 반드시 명심할 사항

　제3부에서는 스캘핑 기법을 다루고자 한다. 진입과 퇴장이 빠르게 이뤄지기 때문에 순간적인 신호 분별력을 갖추는 것이 관건이다. 만약 자신이 이를 갖추지 못했다고 판단되면 소액으로 거래를 시도해보거나 12~14장을 수없이 되풀이 읽은 다음 매매를 시작하길 권한다.

　또한 대부분 스캘퍼들은 더 짧은 시간 단위의 차트(1분봉, 3분봉 또는 틱 차트)를 활용하는데 여기서는 5분봉을 기준으로 제시하였다. 5분도 결코 긴 시간 단위는 아니지만 보다 신중한 결정으로 리스크를 낮추는 데는 도움이 된다는 것이 나의 경험이다. 또한 호가창의 움직임이나 뉴스창 등을 관찰하는 기법도 필요한데 이에 대해서는 스스로 체득한 방법이 아닐 경우 활용하기에 어려움이 너무 많다. 이 책에서는 누구나 훈련을 통해 자신의 것으로 만들 수 있는 차트 신호를 분별하는 방법에 중점을 두고 있다.

그리고 이 책의 앞에서부터 계속 훈련해온 것처럼 같은 종목의 다른 시간 단위 차트, 또는 같은 시간 단위의 업종 차트를 함께 보면서 차트 신호를 확증하면 리스크를 훨씬 줄일 수 있음을 기억하기 바란다.

우상향 5선 지지되는 초기 매수하여
3차 상승 끝까지 홀딩하라

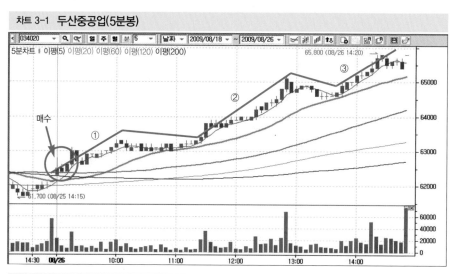

차트 3-1 두산중공업(5분봉)

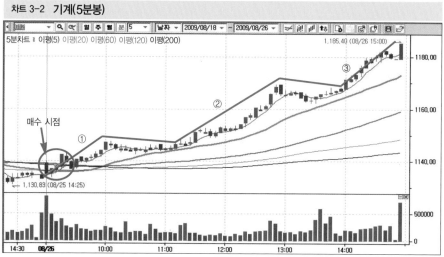

차트 3-2 기계(5분봉)

상승 초기 업종 차트에서 20선이 120, 200선을 골든크로스 뒤 우상향할 때 종목 차트에서도 상승 초기 5선이 제반 이평선을 일시에 상승 돌파하면 매수하라. 20선이 뒤를 이어 제반 장기 이평선을 골든크로스하며 5선을 지지하고 주가가 5선에 지지되는 한 3차 상승까지 홀딩하라.

갭상승 출발하여 우상향 5선 지지받고 상승 지속 시
초기에 매수하여 5선 데드크로스 시 매도하라

차트 3-3 삼성SDI(5분봉)

차트 3-4 전기,전자(5분봉)

종목과 업종 차트에서 똑같이 갭상승 출발하여 우상향 5선 지지받으면 매수하라. 업종 지수와 같이 상승하는 동안 홀딩하고 고점에서 5선과 데드크로스되면 매도하라. 20선 데드크로스하는 장대음봉에는 반드시 매도하라.

오전 장에 3바닥 출현 시 매수하라

차트 3-5 현대하이스코(5분봉)

차트 3-6 현대하이스코(30분봉)

장 초반에 3바닥이 출현하면서 바닥이 60선 지지받고 상승하면 초기에 매수하라.

30분봉에서 3일 하락 후 전일 V자 반등이 출현하였으므로 상승을 예상할 수 있다.

시초가부터 장대음봉으로 폭락하다
200선 지지되면서 쌍바닥 출현하면 매수하라

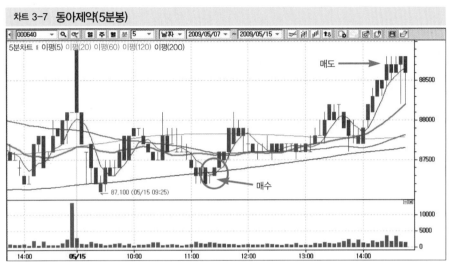

차트 3-7 동아제약(5분봉)

차트 3-8 동아제약(30분봉)

　5분봉에서 갭상승 출발하여 음봉 연속 출현 뒤 쌍바닥이 만들어지고 200선 지지 받으면 2차 저점에서 매수하여 급등 고점에서 매도하라. 30분봉에서 20선이 횡보하는 박스권이므로 길게 보유하지 말라. 전저점에서 매수하고 전고점에서 매도하라.

횡보 중 200선 상승 돌파하는
장대양봉 매수하라

차트 3-9 대호에이엘(5분봉)

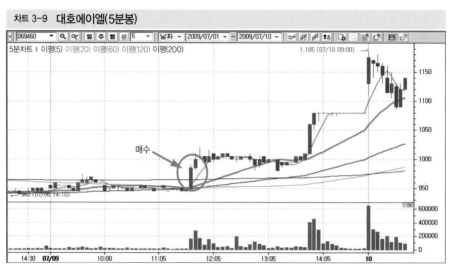

차트 3-10 대호에이엘(15분봉)

횡보 중에 장대양봉 출현하면서 200선 저항 돌파하면 매수하라. 당일 최고가로 마감 시 종가 매수하면 익일 갭상승 시작한다. 15분봉에서 장기 이평선이 횡보 중이고 20선이 우상향하며 이들을 골든크로스하므로 계속 홀딩하라.

장기 횡보 중 모든 이평선 돌파하는
역망치 매수하라

차트 3-11 산성피앤씨(5분봉)

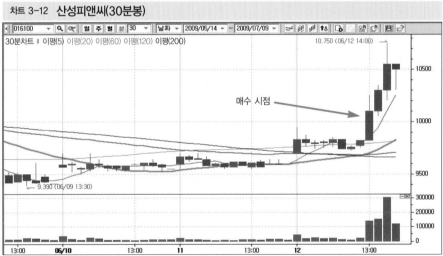

차트 3-12 산성피앤씨(30분봉)

주가와 20, 60선이 밀착 횡보하다 장대 역망치가 출현하면서 상승이 시작된다.
30분봉에서도 보면 횡보 중 모든 이평선을 일시에 돌파하는 장대 역망치가 출현하
면서 크게 상승한다.

3차 하락 저점에서 상승하다 횡보 뒤 상승 재개되면
이전 상승폭만큼 상승할 것을 예상하라

차트 3-13 운수장비(5분봉)

차트 3-14 운수장비(30분봉)

5분봉상 하락 저점에서 상승하다 횡보한 후 다시 상승 시작하면 저점으로부터 횡보 지점까지의 상승폭만큼 오를 것을 예상하라. 30분봉으로 볼 때 4일간 횡보가 진행 중이므로 전저점에서 매수하고 전고점 첫 음봉에서 매도하라. 20선이 우하향 중이므로 하락 예상된다.

3차 하락 저점에서 200선 지지받는
장대양봉 출현 시 매수하라

차트 3-15 삼성증권(5분봉)

차트 3-16 증권(5분봉)

고점에서 1~3차 하락 중에 1차와 3차에서는 작은 1~3차 하락 파동이 출현했고 2차 하락은 1~2차 하락 파동이 출현하였으므로 잘못 판단할 가능성이 있다. 이때는 업종 차트와 같이 비교해서 보면 확실하게 알 수 있다. 3차 하락 저점에서 매수하라.

3차 하락 저점에서 거래 급증하는
장대음봉 출현 시 매수하라

차트 3-17 현대건설(5분봉)

차트 3-18 건설업(5분봉)

　종목과 업종 차트상 동시에 3차 하락 저점에서 장대음봉이 출현하고 거래 급증

하거든 매수하라.

3차 하락 저점에서 장대음봉 뒤
긴 밑꼬리 매수하라

차트 3-19 후성(5분봉)

차트 3-20 후성(15분봉)

    3차 하락하면서 장대음봉 2개 뒤 긴 밑꼬리가 출현하면 매도세의 힘이 다하고 매수세가 승리한 것으로 생각할 수 있다. 급락 후 긴 밑꼬리는 매수 시점이다. 15분봉에서 볼 때 음봉 하락 중 장대음봉이 밑꼬리를 만든 뒤 양봉 출현하면서 상승한다.

3차 하락 저점에서 장대음봉 뒤
긴 밑꼬리 매수하라

차트 3-21 증권(5분봉)

차트 3-22 증권(일봉)

5분봉에서 20선과 200선이 데드크로스되면 하락 깊어지므로 매도한 후 재매수 시점을 찾아라. 하락 중 장대음봉 출현하며 거래 급증하면 바닥이므로 밑꼬리 시작되거든 초기에 매수하라. 위로 이평선이 첩첩이 있으므로 짧게 매매하여 첫 음봉에 매도하라.

3차 하락 후 저점에서
도지 출현 시 매수하라

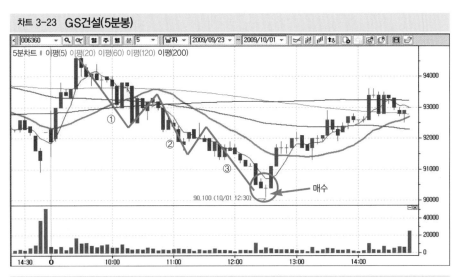

차트 3-23 GS건설(5분봉)

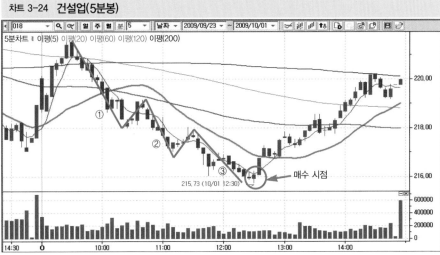

차트 3-24 건설업(5분봉)

3차까지 하락이 진행되면 바닥에 이르렀다고 볼 수 있다. 이 시점에서 도지 출현
은 매도세가 막판에 도달하였다는 뜻이므로 매수세가 조금만 힘을 더해도 상승한
다. 종목과 업종 차트에서 동시에 출현 시 상승 확률이 더 높다.

주가가 20선과 골든크로스되고
20선이 우상향 시작하는 초기에 매수하라

차트 3-25 유진투자증권(5분봉)

차트 3-26 증권(5분봉)

9시 30분경 종목과 업종 차트에서 동시에 주가와 20선 골든크로스 일어나면 매수하라. 20선이 우상향 지지되는 한 계속 홀딩하라.

업종 지수가 먼저 장대양봉으로 20선 상승 돌파하면
종목에서도 20선 상승 돌파 예상하라

차트 3-27 두산인프라코어(5분봉)

차트 3-28 기계(5분봉)

업종 차트에서 장대양봉 출현하며 주가와 20선의 골든크로스가 이뤄지면 해당

업종의 종목에서도 장대양봉 출현하면서 골든크로스 일어날 것을 예상하여 매수

대기하라.

종합 차트와 종목에서 동시에 쌍바닥 출현 후
20선과 골든크로스하면 매수하라

차트 3-29 교보증권(5분봉)

차트 3-30 종합(5분봉)

코스피가 장 초반에 쌍바닥 출현 뒤 20선과 골든크로스되면서 상승할 때, 관심 종목에서도 쌍바닥 뒤 20선과 골든크로스 발생하면 즉시 매수하라. 20선이 우상향 계속하는 한 홀딩하라.

N자 상승 시는
주가와 20선 수렴 시점 매수하라

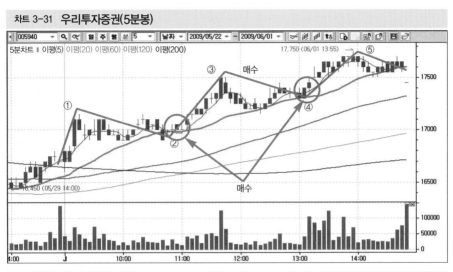

차트 3-31 우리투자증권(5분봉)

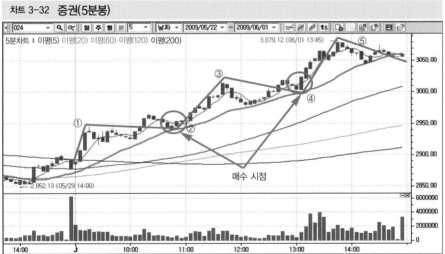

차트 3-32 증권(5분봉)

5분봉에서 20, 60선이 우상향하고, 20선 지지받으면서 N자 상승 시 주가와 20선이 수렴되면 매수 기회다. 20, 60선이 우상향하고 지지되는 한 홀딩하라. 상승장에서 조정이나 눌림목은 보유 물량을 늘리는 기회로 삼아라.

20선이 장기 이평선을 차례로 골든크로스한 뒤
우상향하거든 계속 홀딩하라

차트 3-33 POSCO(5분봉)

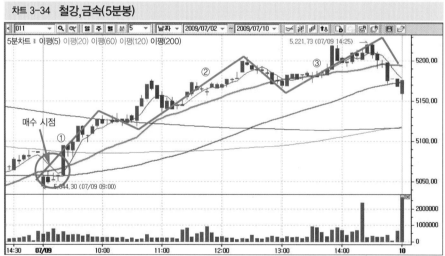

차트 3-34 철강,금속(5분봉)

　　매수 후에는 종목과 업종 차트 5분봉을 동시에 주시하면서 최적 매도 시점을 노려라. 상승 중에 음봉 2~5개가 출현하더라도 우상향 20선이 지지되는 한 계속 홀딩하라. 20선 지지받고 3차 상승한다.

N자 상승 중 장대양봉 몸통을 깨지 않고
단봉 횡보 시는 홀딩하라

차트 3-35 한올제약(5분봉)

차트 3-36 한올제약(30분봉)

　　5분봉에서 우상향 20선 지지받고 N자 상승 중 장대양봉 몸통 내에서 단봉 횡보 시는 홀딩하라. 이평선 지지받고 재상승한다. 30분봉에서 볼 때 5, 20, 60선 수렴되면서 상승 시작하여 상한가 마감했지만 익일 갭상승 후 위꼬리 길어지므로 매도해야 한다.

N자 상승 중 전고점과 20선 동시 지지되면
계속 홀딩하라

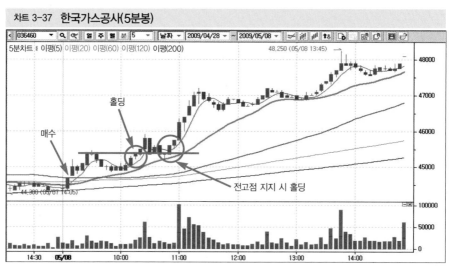

차트 3-37 한국가스공사(5분봉)

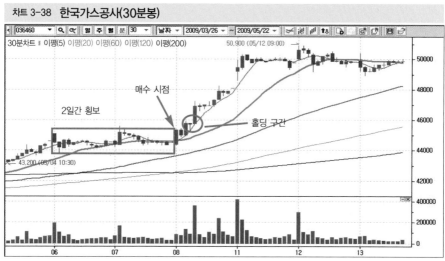

차트 3-38 한국가스공사(30분봉)

5분봉상 모든 이평선 상향 돌파하는 장 초반 장대양봉에 매수하라. 1차 고점을 지나 조정 후 상승 이어갈 때 전고점 돌파 시 2차 매수, 보유자 홀딩하고 전고점과 20선 동시 지지를 받으면 3차 매수, 보유자 지속 홀딩하라. 전고점 지지받고 상승 시는 대량 거래가 수반된다.

우상향 20선 지지받고 상승하다 횡보 시
장대양봉 몸통 깨지 않으면 홀딩하라

차트 3-39 SK증권(5분봉)

차트 3-40 SK증권(30분봉)

5분봉에서 우상향 20선 지지받고 상승하다 횡보 시 장대양봉 몸통을 깨지 않는 음봉은 홀딩하라. 30분봉에서 약 4일간 수평 횡보하다 상승이 시작되었으므로 우상향 20선 지지받고 상승 시 홀딩 유효하다.

우상향 20, 60선 골든크로스 초기 매수하고
우상향 시 계속 홀딩하라

차트 3-41 두산중공업(5분봉)

차트 3-42 기계(5분봉)

종목과 업종 차트에서 똑같이 시초가부터 우상향 20, 60선 지지받고 상승 시 초기 매수하여 계속 홀딩하라. 오후에 시초가와 쌍봉이 만들어질 때 무조건 매도하고 쌍봉을 상승 돌파하면 재매수하라.

주가와 20선 밀착 횡보 시 매도하여
이격 확대 초기주를 매수하라

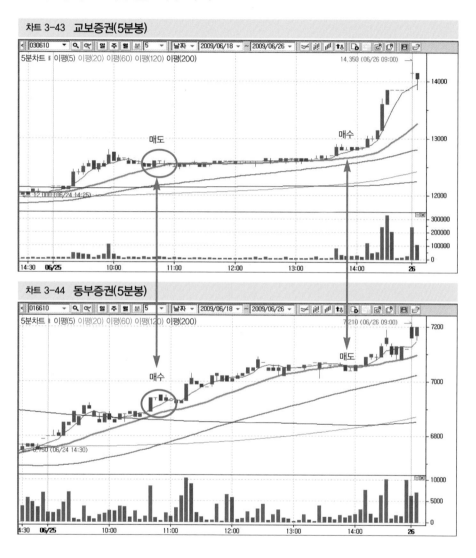

차트 3-43 교보증권(5분봉)

차트 3-44 동부증권(5분봉)

위 비교 차트는 주가와 이평선 이격의 시간차에 따른 분봉 매매를 보여준 것이다. 같은 업종에서도 상승의 시간차가 발생할 수 있다. 당일 상승 업종의 대표 종목 몇 개를 선택하여 시간대별로 교체하면 수익이 크게 발생한다. 하지만 수익 기회가 클수록 손실 기회도 크다는 점을 명심해야 한다.

쌍봉 2차 고점에서 매도하고
쌍바닥 2차 저점에서 매수하라

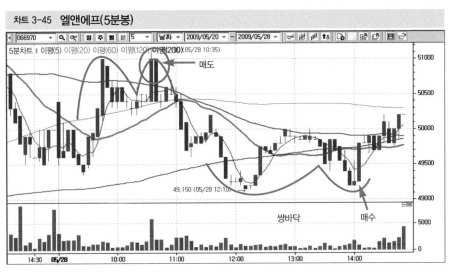

차트 3-45 엘앤에프(5분봉)

차트 3-46 엘앤에프(30분봉)

　　5분봉에서 쌍봉 출현 시 하락을 예상하고 초기에 매도하라. 당일 재매수를 하려거든 진바닥을 기다렸다가 높아진 저점에서 진입한다. 위 종목은 30분봉에서 20, 60선이 횡보 중이므로 상승을 기대할 수 없다.

일시악재로 폭락 초기 신속 매도하고
밑꼬리가 시작되면 초기에 시장가로 매수하라

차트 3-47 SK증권(5분봉)

차트 3-48 종합(5분봉)

2차 북핵 실험 뉴스가 나오면서 급락이 시작되어 코스피 지수가 순간적으로 88 포인트나 폭락했다. 하지만 곧바로 반등하면서 −2포인트 수준까지 회복되면서 장이 끝났다. 악재 출현 초기 신속 매도하고 미리 시장가 매수 준비를 하고 기다려라. 공황 상태가 지나고 긴 밑꼬리가 만들어질 때 신속히 매수하라.

고점이 차차 높아지고 2시 49분 양봉에
위꼬리 없으면 동시호가에 상승한다

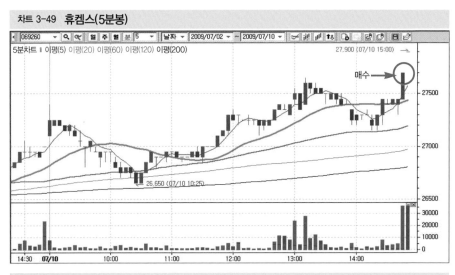

차트 3-49 휴켐스(5분봉)

차트 3-50 휴켐스(일봉)

　　5분봉에서 고점이 차차 높아지고 2시 49분에 양봉이 위꼬리 없으면 동시호가에

상승 마감하는 경우가 많다. 일봉상으로도 위꼬리 없는 양봉이 된다. 반대로 5분봉

에서 고점이 차차 낮아지고 2시 49분에 음봉이 출현하거나 위꼬리 양봉이 출현 시

동시호가에 하락 마감하는 예가 많다.

13

초단기 매도, 관망 패턴

핵심요약

1 3차 상승 고점에서 긴 위꼬리, 장대음봉, 갭하락 음봉, 쌍봉 출현 즉시 매도하라.

2 모든 이평선 역배열 상태에서 갭하락 장대음봉 뒤 20, 60선이 우하향 시작하면 즉시 매도하라.

3 장대양봉 세 개 이후 위꼬리 만들어지거나 음봉 출현하면 즉시 매도하라.

4 급등 고점이나 3차 상승 고점에서 주가와 20선 이격이 10% 이상인 종목은 추격매수 하지 말라.

5 20, 60선 횡보 중 양봉 2~3개 출현해도 거래량 적으면 추격매수 하지 말라.

수익을 내고 매도하기 위해서는 기본적으로 매수를 정확히 해야 한다. 하지만 매매를 하다 보면 수익이 났을 때만 팔게 되지는 않는다. 더 큰 손실을 보지 않기 위해 매도해야 하는 때도 있다. 이런 점에서 매수와 매도는 완전히 별개의 관점에서 결정을 내려야 한다. 특히 초단기 매매의 경우는 추세가 전환될 때까지의 전망에 기반하여 진입한 것이 아니기 때문에 예상과 빗나가는 경우는 신속히 빠져나와야 한다.

이번 장에서는 주식을 보유한 상태에서 수익이든 손실이든 반드시 매도해야 하는 신호에 대해서 배운다. 그리고 순간적으로 매수 신호로 보기 쉬운 추격매수, 추격매도 금지 패턴에 대해서도 사례를 제시하도록 하겠다.

횡보장에서는 매수하지 말라

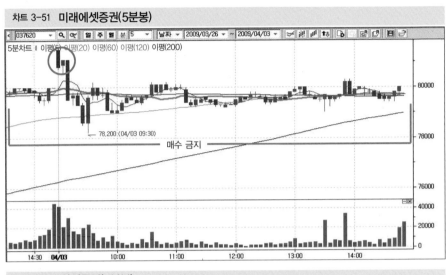

20, 60선이 횡보하면 보유주 매도하고(시초가 갭상승 음봉) 매수는 하지 말라. 자세히 보면 20선이 60선보다 위에서 횡보하는 삼성증권은 종가 무렵 상승하는데 미래에셋증권은 엉켜 있으므로 힘을 받지 못한다. 매매 시 참고하라.

횡보장에서는 추격매수, 추격매도 하지 말라

차트 3-53 POSCO(5분봉)

차트 3-54 철강,금속(5분봉)

횡보장세에서는 매매를 자제하라. 양봉 몇 개 보고 추격매수 하면 바로 음봉으로 하락하고, 불안해서 매도하면 금세 반등하곤 하므로 손실이 커지기 쉽다. 이평선과 봉이 아무리 매매 신호를 주더라도 장세를 최우선으로 고려하라.

장 초반 20, 60선이 수렴되어 횡보 시는
주가까지 밀착되어 종일 횡보한다

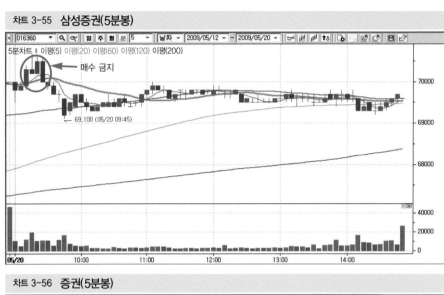

차트 3-55 삼성증권(5분봉)

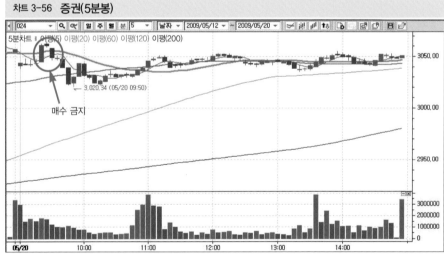

차트 3-56 증권(5분봉)

　　보합에서 출발하여 상승하는 듯하다가 주가가 20선을 하락 돌파한 뒤 20선과 60

선이 수렴되어 횡보하면 주가도 이 선을 타고 종일 횡보한다. 업종 지수에서도 같

은 흐름이 나올 때는 초기에 매도하고 재매수하지 말라.

전고점 있고 20선 수평 횡보 중이면
양봉 몇 개 출현하더라도 매수하지 말라

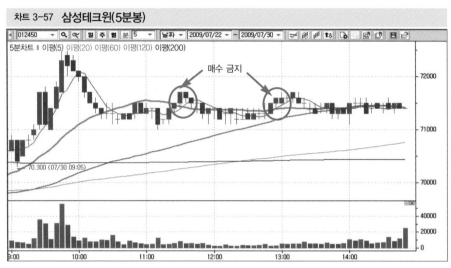

차트 3-57 삼성테크윈(5분봉)

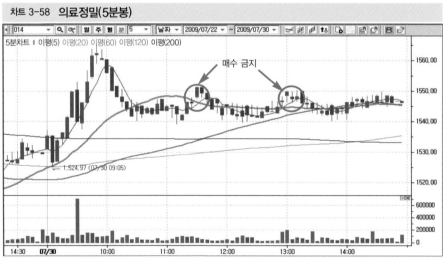

차트 3-58 의료정밀(5분봉)

　　시초가부터 급등하여 고점이 만들어진 뒤 20선이 수평 횡보 중이고 이를 중심으로 주가가 등락할 때 양봉이 몇 개 출현하더라도 추격매수 하면 안 된다. 업종 지수가 동시에 횡보 중이라면 더욱 매수해서는 안 된다. 거래 없는 양봉은 상승의 힘이 없다.

200선이 위에서 우하향 시
추격매수 절대 하지 말라

차트 3-59 한솔제지(5분봉)

차트 3-60 종이,목재(5분봉)

　　200선이 위에서 내려오고 있으면 이후 저항선으로 작용하므로 양봉 출현해도 추
격매수 하지 말라. 횡보 중인 종목은 상승과 하락폭이 적으므로 조금 상승하면 하
락했다가 조금 하락하면 상승하길 되풀이한다. 추격매수 추격매도는 하지 말라. 업
종 차트와 함께 보면 참고가 된다.

고점이 차차 낮아지면서 우하향 20선 저항받으면
매수나 홀딩하지 말라

차트 3-61 SKC(5분봉)

차트 3-62 화학(5분봉)

　　종목과 업종의 5분봉을 동시에 주시하면서 하락 후 반등 시 위에 저항선이 내려

오고 있다면 매수하지 말라. 20선이 우하향하는 한 1~2차 반등해도 재하락한다.

1차 상승 시 모든 이평선 일시 골든크로스하면 3차 상승하고 20선이 우하향 시 3차까지 하락한다

차트 3-63　삼성SDI(5분봉)

차트 3-64　종합(5분봉)

　5분봉에서는 1~3차 상승하면 1~3차 하락하는 경우가 많다. 갭하락 장대양봉 출현 초기에 매수했다가 3차 상승 고점에서 매도하고, 다시 3차 하락 바닥에서 재매수하면 보유 주식 수를 늘릴 수 있다.

갭하락 장대양봉 매수하고
3차 상승 고점에서 매도하라

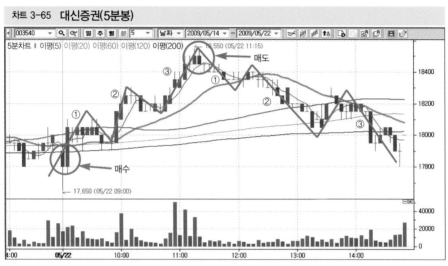

차트 3-65 대신증권(5분봉)

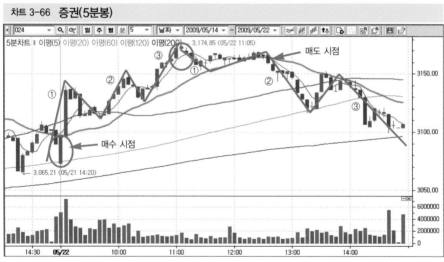

차트 3-66 증권(5분봉)

5분봉에서 갭하락 장대양봉 출현하면 매수하라. 20선과 골든크로스되고 1차 상
승 뒤 우상향 20선 지지받으면서 2차 상승하면 3차 상승을 예상하라. 3차 상승 고
점에 이르면 주가가 5선과 20선을 차례로 데드크로스하면서 하락이 진행된다. 20
선이 반등 시마다 저항선이 되어 3차까지 하락한다.

종목과 업종 차트에서 동시에 갭상승 출현하고
우하향 횡보 시 초기에 매도하라

차트 3-67 우리금융(5분봉)

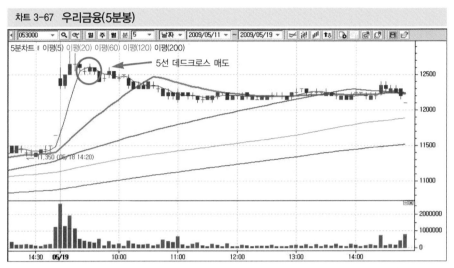

차트 3-68 은행(5분봉)

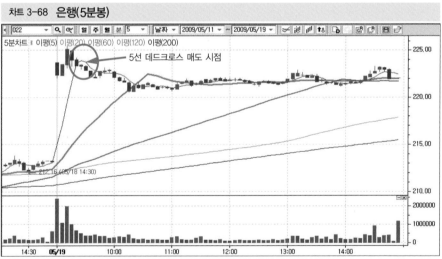

　다우 지수가 235포인트 급등하고 코스피가 31포인트 갭상승 출발하던 날의 차트
다. 코스피가 시초가에 30포인트 이상 갭상승하면 당일 상승 한계에 도달했다고 볼
수 있으며, 대부분의 종목이 우하향 시작하므로 갭상승 고점에서 보유주 매도하고
매수는 하지 말라.

상승 초기 쌍봉 출현하면
즉시 매도하라

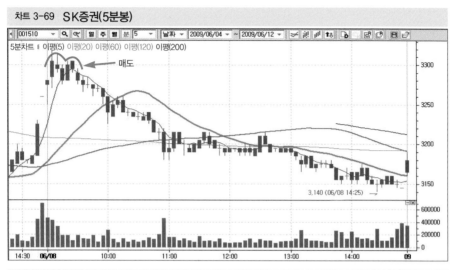

차트 3-69 SK증권(5분봉)

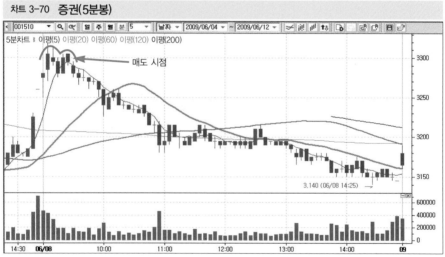

차트 3-70 증권(5분봉)

　주가가 상승하고 20선도 우상향하는 도중 종목과 업종 차트에서 동시에 쌍봉 출
현하면 즉시 매도하라. 주가와 20선이 데드크로스되면서 20선이 우하향 시작하면
기필코 매도하라.

200선 저항받고 쌍봉 출현하면
즉시 매도하라

차트 3-71 운수장비(5분봉)

차트 3-72 운수장비(30분봉)

　　5분봉에서 200선 저항받고 쌍봉이 출현하면 즉시 매도하라. 30분봉에서 볼 때
20선과 60선이 우하향하므로 상승을 기대할 수 없고 60선의 저항이 며칠째 계속되
고 있어 급락 예상된다.

횡보하다 모든 이평선 일시에 데드크로스하는
첫 장대음봉 매도하라

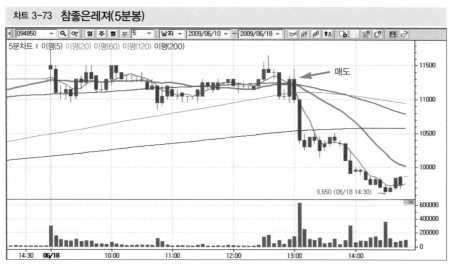

차트 3-73 참좋은레져(5분봉)

차트 3-74 참좋은레져(30분봉)

5분봉에서 시초가 갭상승 후 위꼬리+장대음봉 출현 시가 1차 매도 시점이며 4시간 이상 장기 횡보하다 수렴된 모든 이평선을 일싱에 데드크로스하는 첫 장대음봉은 필수 매도 시점이다. 30분봉에서 장기 이평선이 우하향 중이므로 상승을 기대하지 말고 200선 저항받는 첫 음봉에 매도하라.

횡보하다 200선 저항으로 모든 이평선 일시에 데드크로스하는 첫 음봉 매도하라

차트 3-75 한솔LCD(5분봉)

차트 3-76 한솔LCD(30분봉)

5분봉에서 4시간 이상 횡보 뒤 200선과 수렴되는 시점 첫 음봉 출현 시 매도하라. 30분봉에서 볼 때 20선이 횡보 중이므로 상승 기대할 것이 없고, 20선과 데드크로스가 일어나 하락한다.

3봉 뒤 주가와 20선 데드크로스되면 매도하라

차트 3-77 한화증권(5분봉)

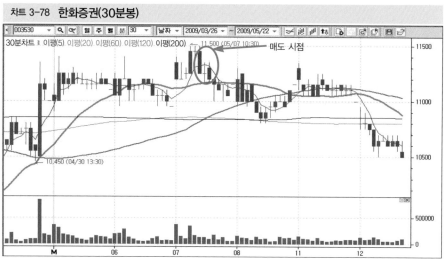

차트 3-78 한화증권(30분봉)

5분봉에서 상승 중 3봉 출현하면 즉시 매도하라. 30분봉에서도 상승하다 횡보 중이므로 하락을 예상하고 고점에서 매도하라.

반등 중 3봉 출현 뒤 20, 60선 데드크로스되면 초기에 매도하라

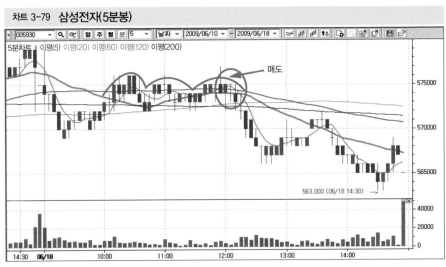

차트 3-79 삼성전자(5분봉)

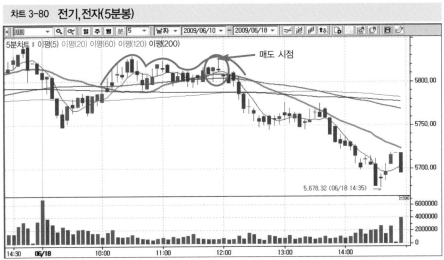

차트 3-80 전기,전자(5분봉)

　　3봉 출현하고 주가가 20, 60, 120, 200선을 일시에 하락 돌파하면 신속히 매도하라. 20선이 60, 120, 200선을 데드크로스하거든 반드시 매도하라. 3봉이 출현하면 하락 확률 높으므로 고점에서부터 신속히 매도 준비하라.

장 초반 상승하다 우하향 200선 저항받고
음봉 출현하면 초기에 매도하라

차트 3-81 KT(5분봉)

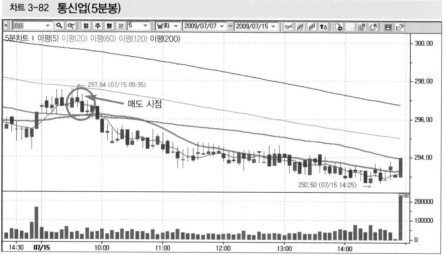

차트 3-82 통신업(5분봉)

시초가부터 상승하다 200선의 저항으로 하락으로 돌아서 제반 이평선을 데드크
로스하면서 우하향 시작하면 초기에 매도하라. 이평선이 완전 역배열되면 하락이
길고 깊어질 것을 예상하라.

2차 상승 고점에서 음봉 연속 출현하며
5선 우하향 시작되면 초기에 매도하라

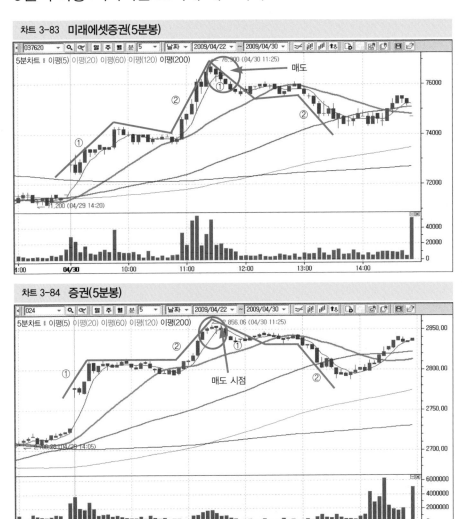

차트 3-83 미래에셋증권(5분봉)

차트 3-84 증권(5분봉)

1차 상승 뒤 횡보하다 2차 상승하고 1~2차 하락한 모습이다. 2차 상승 고점에서 음봉이 연속 출현하며 5선이 꺾이면 즉시 매도하라.

고점에서 수평 횡보 시는 하락 예상하고
5, 20선 데드크로스하면 즉시 매도하라

차트 3-85 LG전자(5분봉)

차트 3-86 전기,전자(5분봉)

1차 상승 후 고점에서 약 3시간 동안 횡보하다 급락한 패턴이다. 20선을 장대음봉으로 데드크로스한 뒤 급락이 출현했다. 고점에서 수평 횡보 시는 하락 가능성이 높다는 것을 명심하고 신속 매도해야 한다.

3차 상승 뒤 주가가 장기 이평선을 데드크로스하면서
우하향 시작하면 초기에 매도하라

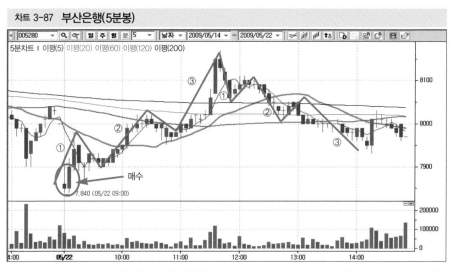

차트 3-87 부산은행(5분봉)

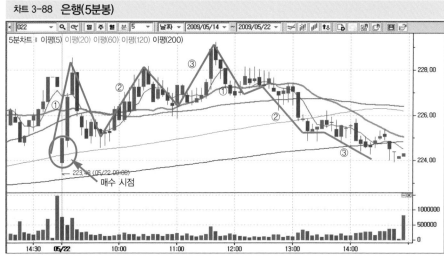

차트 3-88 은행(5분봉)

갭하락 뒤 주가가 우상향 5선과 골든크로스되면 매수하여 우상향 20선 지지받는 동안은 홀딩하라. 3차 상승이 진행된 후에는 고점이므로 매도 시점을 찾아야 한다. 고점에서 3개의 음봉(흑삼병) 출현 시가 최적 매도 시점이다. 음봉이 이어지면 주가는 5선, 20선, 장기 이평선 순으로 데드크로스해가면서 3차까지 하락한다.

상승 중 고점에서 20선과 데드크로스되고
역망치 출현 시 반등 못하면 매도하라

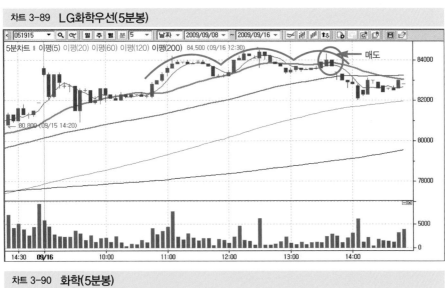

차트 3-89 LG화학우선(5분봉)

차트 3-90 화학(5분봉)

상승 진행 중 1시경 주가와 20선 데드크로스되고 횡보하다 반등 역망치 출현했

으나 저항이 더 강하면 장대음봉으로 하락한다. 장대음봉 출현 시점에서 3봉 출현

시 기필코 매도하라.

3차 상승 고점에서 업종 지수와 동시에
단봉 횡보 즉시 매도하라

차트 3-91 KB금융(5분봉)

차트 3-92 종합(5분봉)

　　3차까지 상승이 진행된 고점에서 더 상승하지 못하고 횡보하면 급락이 기다리고

있으므로 서둘러 매도하라. 종목과 업종 차트에서 고점 횡보가 동시 진행되면 더

확실한 급락 징후이므로 미리 매도하라.

3차 상승 고점에서 업종 지수와 동시에
긴 위꼬리 출현 시 신속 매도하라

차트 3-93 유진투자증권(5분봉)

차트 3-94 증권(5분봉)

업종 차트상 장대양봉 3개째 상승한 3차 고점에서 긴 위꼬리 등장할 때 종목에서

도 긴 위꼬리 출현하면 하락하므로 신속 매도하라. 하락 중 일시 반등으로 위에서

내려오는 이평선 저항에 부딪히며 계속 하락한다.

급등 고점에서 업종 지수와 동시에
위꼬리 음봉 출현 시 매도하라

차트 3-95 대구은행(5분봉)

차트 3-96 은행(5분봉)

시초가부터 하락한 후 횡보하다 상승으로 돌아서서 급등 진행된 고점에서 위꼬리 음봉 출현하면 신속 매도하라. 종목과 업종 차트에서 동시에 출현하거든 기필코 매도하라. 당일 한번 급등하면 재상승을 기대할 수 없다.

주가 상승하다 업종 지수와 동시에
위꼬리+음봉 출현 시 매도하라

차트 3-97 현대증권(5분봉)

차트 3-98 증권(5분봉)

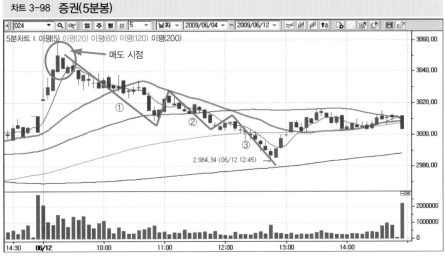

　　양봉으로 상승하면서 20선이 우상향 시작하였으나 양봉이 위꼬리를 만들며 밀리고 이어 음봉 출현하면 하락 초기이므로 1차 매도하라. 주가와 20선이 데드크로스되고 20선이 우하향 시작하면 보유주 완전히 매도하라.

업종 지수와 동시에 주가 갭하락 발생하고
20선과 데드크로스되면 즉시 매도하라

차트 3-99 우리투자증권(5분봉)

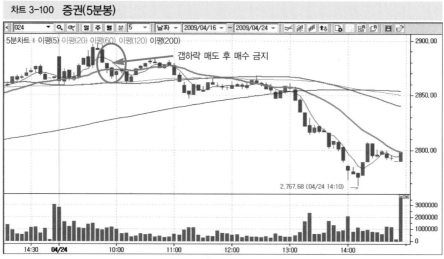

차트 3-100 증권(5분봉)

　　종목과 업종 차트에서 동시에 갭하락이 일어나고 20선과 데드크로스되면 하락을
예상하라. 이후 반등 시도가 20선 저항으로 무산되면 모든 이평선들이 데드크로스
되면서 하락 깊어진다.

상승 고점에서 횡보 중 장대음봉 출현하며
20선과 데드크로스 발생하면 초기에 매도하라

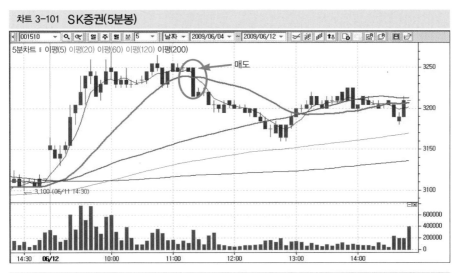

차트 3-101 SK증권(5분봉)

차트 3-102 증권(5분봉)

장 초반 양봉으로 상승하다 더 이상 상승 못하고 횡보 중 장대음봉이 출현하면서 20선과 데드크로스되면 즉시 매도하라. 업종 차트에서 먼저 데드크로스 발생 뒤 하락하면 종목에서도 하락할 것을 예상하고 횡보 중에 미리 매도하라.

갭상승 시점에서 200선 지지받고 단봉으로 우상향 시 매수하고 1시 전후 첫 장대음봉 매도하라

차트 3-103 POSCO(5분봉)

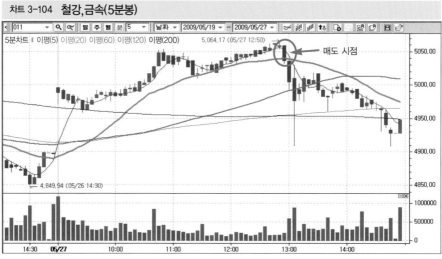

차트 3-104 철강,금속(5분봉)

다우 지수가 198포인트 상승하고 코스피가 23포인트 갭상승 출발한 날의 차트다. 이런 때는 대부분 종목이 갭상승으로 시작하는데 업종 지수와 같이 주시하다 장대음봉이 동시에 출현하면서 20선과 데드크로스되면 매도하라. 20선 아래 가격 수준에 미리 손실제한주문을 설정해놓는 것도 좋은 방법이다.

14
수직 급등주 매매 기법

핵심요약

1 급등주는 초기에 매수해야 하며 3차 상승 이후는 고점이므로 추격매수 해선 안 된다.
2 완만한 1차 상승보다 매물 부담이 없는 2차 상승 시 장대양봉 출현주를 선택하라.
3 눌림목에서 거래 급감 후 증가 시점 양봉을 매수하라.
4 분봉상 위꼬리 없는 양봉 출현 시 매수하고 3개째 장대양봉에서 매도 준비하라.
5 매수주 상한가 진입 시는 −1% 가격에 손실제한주문 설정하라.

순간적으로 급등하는 종목은 기업에 호재가 발생했을 경우가 대부분이지만 장중 수급에 의해 급등세가 나타나는 경우도 많다. 호재에 의한 급등은 며칠씩 그 기세가 계속되므로 차트 신호에 대한 분별력을 갖추면 개인 투자자라도 수익 낼 기회를 가질 수 있다. 반면 장중 수급에 의한 급등은 대량 보유 세력이 고점에서 수익을 실현해버리면 그뿐이므로 보다 발빠른 대처를 해야 한다.

이번 장에서는 시초가부터 장중 급등주 매수 방법과 홀딩 신호, 매도 신호에 대해 대표적 사례를 들어 설명한다.

호재 출현 종목이 장 시작 전 호가 상승 시
동시호가 매수하라

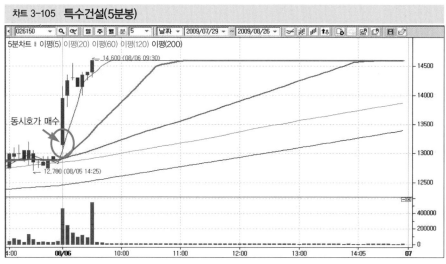

차트 3-105 특수건설(5분봉)

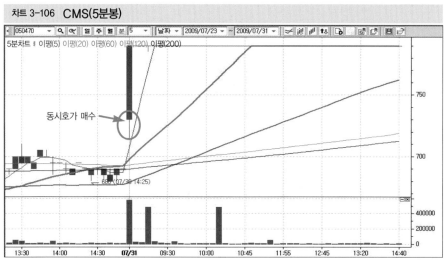

차트 3-106 CMS(5분봉)

　　개장 전에 2%, 3%, 4%… 계속 호가가 올라가는 종목은 동시호가 1분 전에 시장
가로 매수 주문을 해야 완벽하게 체결된다. 개장 후 주문을 넣으면 급등 종목은 너
무 빨리 상승하기 때문에 고점에서 체결된다.

전일 최고가로 마감된 종목
당일 첫 장대양봉 출현 시 매수하라

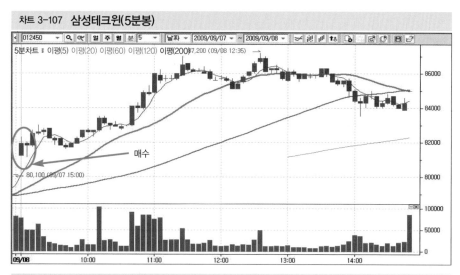

차트 3-107 **삼성테크윈(5분봉)**

매수

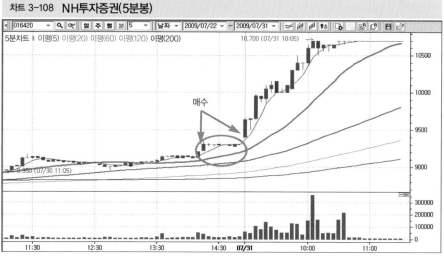

차트 3-108 **NH투자증권(5분봉)**

매수

　전일 종가가 최고가로 마감되고 당일 시초가가 양봉으로 상승 시작하면 매수하라. 전일 매수했다면 홀딩하라. 보합에서 시작하여 밀리지 않고 오전 장에 상한가에 안착하면 종가까지 상한가 유지될 확률이 높다. 오버나잇 여부는 매수 잔량과 장세를 보고 판단하라.

첫 번째 장대양봉에 위꼬리 없으면
매수하라

차트 3-109 케이디미디어(5분봉)

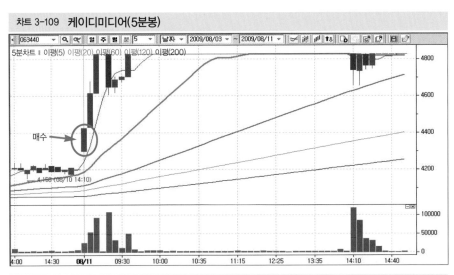

차트 3-110 휴니드(5분봉)

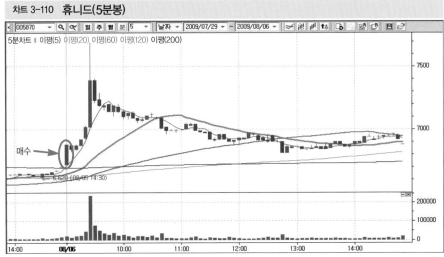

시초가 매수는 5분봉상 첫 번째 장대양봉이 위꼬리 없이 완성되어야 한다는 조건이 필요하다. 개장 직후 장대양봉으로 상승하다가 매도세에 밀려 위꼬리를 만들면 상승세가 강하지 못하므로 주의하라.

시초가 단양봉으로 상승하다 장대양봉 출현 시
단봉을 하나의 장대양봉으로 계산하라

차트 3-111 **큐릭스(5분봉)**

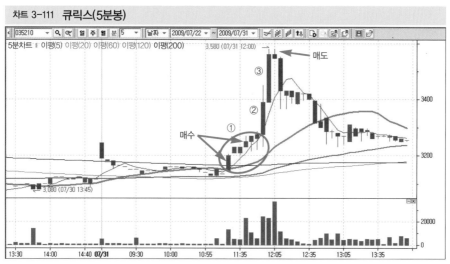

차트 3-112 **골든브릿지증권(5분봉)**

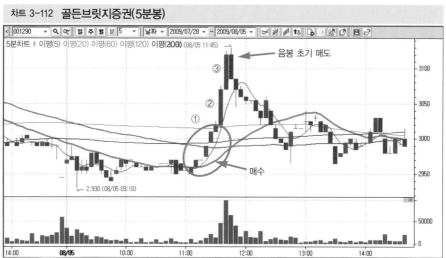

　　장 초반 단양봉 몇 개가 이어지며 서서히 상승하다 장대양봉 2개가 연이어 출현하며 급상승할 때 초반의 단양봉들을 1개의 장대양봉으로 계산하라. 세 번째 장대양봉이 출현하면 고점이므로 매도 준비를 하고 있다가 첫 음봉 출현 즉시 매도하라.

첫 장대양봉에 이어 단봉 1~6개 출현 시
장대양봉 몸통 상단을 지지하면 홀딩하라

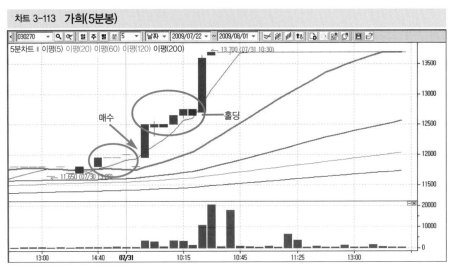

차트 3-113 가희(5분봉)

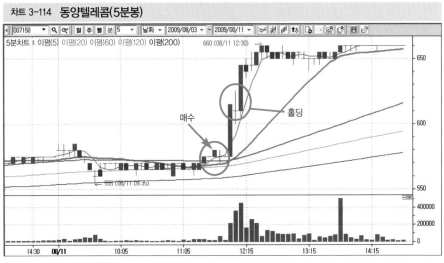

차트 3-114 동양텔레콤(5분봉)

첫 장대양봉 뒤 장대양봉 몸통 상단에서 단봉이 이어질 때 1~6개까지는 홀딩하라. 2차 장대양봉이 출현한다. 단봉이 6개 이상 출현하면 단기 고점이 되므로 매도하라.

2개의 장대양봉에 이어 단봉이 계속되면 매도하라

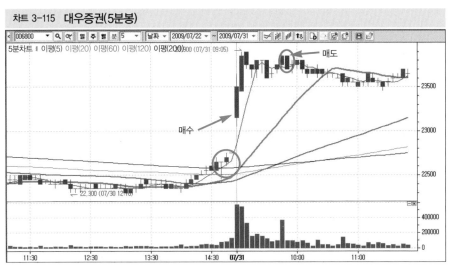

차트 3-115 대우증권(5분봉)

차트 3-116 휴먼텍코리아(5분봉)

　　크게 시세를 주는 장대양봉은 보통 3개가 출현하고 상투가 되지만, 1개나 2개 출현 후 단봉이 7개 이상 계속되며 횡보할 경우는 매도하라. 상한가 진입 종목 중에서도 매수 잔량이 쌓이면서 안착하지 못하고 흔들리면 매도해야 한다.

장대양봉 출현 시 3개째에는 매도 준비하라

차트 3-117 용현BM(5분봉)

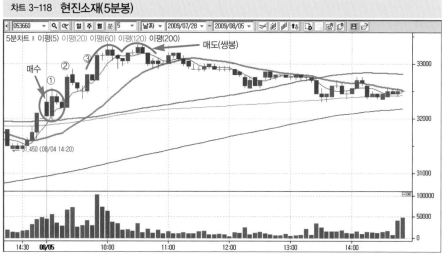

차트 3-118 현진소재(5분봉)

상승 초기 첫 번째 장대양봉이 출현하면 매수하여 홀딩하라. 세 번째 장대양봉이
출현하면 고점에 이른 것이므로 주시하고 있다가 하락 징후가 나타나면 신속 매도
하라.

수직 상승 후 세 번째 양봉에
긴 위꼬리 생기고 음봉 출현 시 매도하라

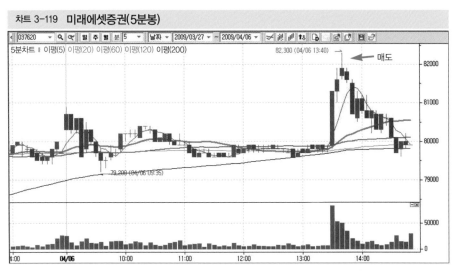

차트 3-119　미래에셋증권(5분봉)

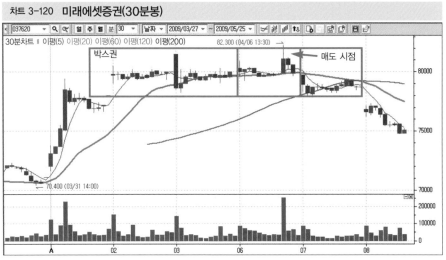

차트 3-120　미래에셋증권(30분봉)

　　5분봉에서 4시간 이상 횡보 중 제반 이평선 수렴된 상태에서 전고점 뛰어넘는 장
대양봉은 매수 기회다. 세 번째 양봉 출현 시까지 홀딩하다가 세 번째 장대양봉이
긴 위꼬리를 만들며 밀리고 그다음 음봉 이어지거든 기필코 매도하라. 30분봉상으
로 상승 뒤 횡보 중이므로 짧게 매매하라.

수직 상승 후 하락장악 장대음봉
반드시 매도하라

차트 3-121 대신증권(5분봉)

차트 3-122 대신증권(30분봉)

5분봉에서 세 번째 장대양봉 뒤 하락장악 장대음봉 출현 시 기필코 매도하라. 30 분봉에서 볼 때 20선이 우하향 중이므로 급등 고점에서 매도하고 재매수는 하지 말 라. 전고점인 전일 갭상승 음봉의 저항에 부딪혀 되밀렸으므로 하락이 불가피하다.

첫 번째 장대양봉이 2~3배 크면
둘째, 셋째는 몸통이 적게 출현한다

차트 3-123 **휴먼텍코리아(5분봉)**

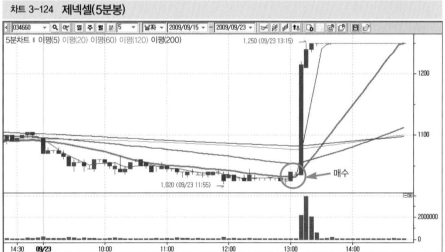

차트 3-124 **제넥셀(5분봉)**

첫 번째 출현하는 장대양봉의 몸통이 다른 봉보다 2~3배 이상 크면 두 번째, 세 번째 출현하는 양봉은 몸통이 적어진다. 매수세의 힘이 소진되고 있다는 의미이기도 하므로 세 번째 장대양봉 출현 뒤 음봉이 나타나면 즉시 매도하라.

두 번째 장대양봉 몸통이 2~3배 크면
세 번째 장대양봉에서 위꼬리 만들어지는 초기 매도하라

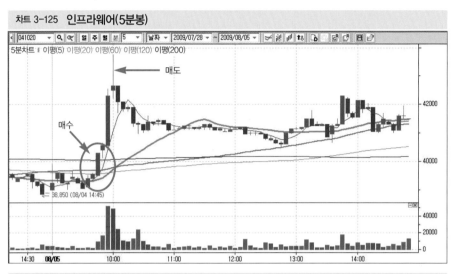

차트 3-125 인프라웨어(5분봉)

차트 3-126 코오롱(5분봉)

　　두 번째 장대양봉의 몸통이 다른 봉보다 2~3배 이상 큰 경우 세 번째 양봉에서는
매수세의 힘이 부족할 수 있다. 장대양봉으로 상승하다가 고점에서 매도세에 밀려
위꼬리가 생기기 시작하거든 서둘러 매도하라.

세 번째 장대양봉 몸통이 2~3배 크면
상승 멈추는 순간 상투이므로 매도하라

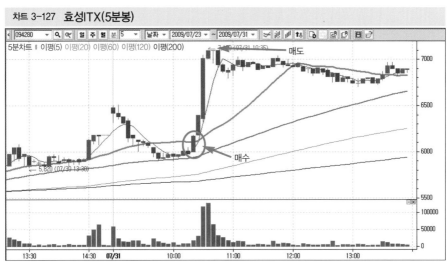

차트 3-127 효성ITX(5분봉)

차트 3-128 삼성전자(5분봉)

　　세 번째 장대양봉 몸통이 다른 봉보다 2~3배 이상 큰 경우 주가가 더 오르지 못

하는 순간을 맞을 때가 상투다. 고점에서 횡보 시작하면 음봉 기다리지 말고 매도

하라. 만약 상한가 진입 종목이라면 −1% 가격에 손실제한주문을 설정해놓고 주시

하다 종가까지 유지되면 오버나잇 여부를 판단하라.